西南财经大学研究生教育教学改革项目
——2024年度研究生精品教材培育项目（2024YJG065）

新财经
学术论文写作

王 志 易 阳 ｜ 编著

西南财经大学出版社
Southwestern University of Finance & Economics Press
中国·成都

图书在版编目(CIP)数据

新财经学术论文写作/王志,易阳编著.--成都:
西南财经大学出版社,2025.2.--ISBN 978-7-5504-6625-8

Ⅰ.F810;F0

中国国家版本馆 CIP 数据核字第 2025Q2K977 号

新财经学术论文写作
XINCAIJING XUESHU LUNWEN XIEZUO

王志 易阳 编著

责任编辑:李特军
责任校对:陈何真璐
封面设计:何东琳设计工作室
责任印制:朱曼丽

出版发行	西南财经大学出版社(四川省成都市光华村街55号)
网　　址	http://cbs.swufe.edu.cn
电子邮件	bookcj@swufe.edu.cn
邮政编码	610074
电　　话	028-87353785
照　　排	四川胜翔数码印务设计有限公司
印　　刷	郫县犀浦印刷厂
成品尺寸	185 mm×260 mm
印　　张	9.375
字　　数	174 千字
版　　次	2025 年 2 月第 1 版
印　　次	2025 年 2 月第 1 次印刷
印　　数	1— 2000 册
书　　号	ISBN 978-7-5504-6625-8
定　　价	38.00 元

前言

写在前面：

在正式开始学习之前，请同学们先思考一个问题：我们为什么要写作呢？

没错！作为人，我们需要表达思想和情感，而写作是一种表达自己思想、感受和想法的方式。通过写作，我们可以将自己的内心世界转化为文字，并与他人分享自己的观点和体验。通过写作，我们也能够向世界展示自己独特的思维和个性，让别人看到我们是多么富有想象力和创造力。总体来说，写作是一项富有意义和价值的活动，可以帮助我们提高自己的思维能力、表达能力和创造能力。并且，写作可以在与他人建立联系的同时，留下自己的独特印记。因此，写作将伴随我们一生。无论是个人日记还是专业论文，写作都对个人成长和发展具有十分重要的意义。

那么，作为硕士、博士研究生，我们为什么需要写论文呢？

我们在研究生阶段撰写的学位论文，是我们整个学习阶段学习成果的集中展现，也是对我们几年来关于本专业相关议题深入思考的总结提炼，更是对我们发现问题和解决问题的综合能力的具体展示。因此，国家对研究生同学所建立的毕业论文写作机制，其实是他们展示自我、表现自我、证明自我的最佳平台！

写作既然对我们的成长与发展如此重要，现在我们又有机会去写一篇能够充分展现我们思想亮点和综合能力的论文，那我们为什么不好好利用这次机会，锻炼自己的研究能力和表达能力，培养自己的逻辑思维、批判思维和创新思维，同时为学术界和社会发展出一份力，也为自己今后走上工作岗位开个好头呢？

但是，面对毕业论文，很多同学都存在畏难情绪。也许是因为对论文选题不知道何去何从，也许是因为在阅读文献的过程中经常迷失自我，也许是因为对研究设计和数据搜集无从下手，也许是因为打磨一篇合格的论文所需要投入的耐心与时间总是带给我们无尽的压力与焦虑。因此，很多同学把毕业论文看作毕业道路上的绊脚石。

然而，我要告诉同学们的是，论文写作并不难——只要我们掌握了正确的方法，它便不再是我们毕业道路上的绊脚石，而是我们成长路上的垫脚石。接下来，就让我们一起来探索论文写作过程。

本书定位：

我们都知道，一项好的学术研究至少需要扎实的理论基础、严谨的研究方法、有效的技术手段、良好的语言功底以及较强的写作能力。扎实的理论基础保证我们研究的问题是一个有效且有意义的问题，同时能够为我们分析问题提供推理依据；严谨的研究方法能够让我们准确地识别问题和解决问题；有效的技术手段，比如一些科研硬件设施的使用和一些数据处理软件的操作，是我们准确、高效解决问题的有效途径；良好的语言功底能够帮我们有效地学习来自不同文化背景的主流观点，并且更加顺畅地表达自己的思想；较强的写作能力能够让我们的研究成果以一种大多数人都可以接受的方式呈现给世界，以方便传播思想。这些能力相辅相成，互为倚靠。本书主要是从论文写作的角度去提高我们研究成果的展示效果。上面提到的做研究所需要的其他技能，我们需要借助其他相关课程进行综合提升。

接下来，我们换个角度，来看看一篇好的论文应该需要哪些要素来支撑呢？我认为，一篇好的论文至少需要选题好、逻辑好、表达好。好的选题意味着我们这篇文章所讨论的话题是重要的、有意义的、值得研究的；好的逻辑是说我们恰当、合理地分析并且解决了该问题；好的表达是说我们用清晰、流畅的语言将我们所有的研究工作以读者可以接受的方式呈现出来。那么，相应地，我们写作的过程，就包含选题的过程、分析和解决问题的过程，以及展示研究工作的过程。本书就将围绕以上三个方面分别进行介绍。

我们希望通过对本书的学习，帮助同学们达成以下三个方面的目标：

一是"读"的目标。我们会通过对学术写作特点的学习，了解学术写作和我们日常口语表达之间的差异，从而帮助大家提高阅读文献的效率，并且学会在论文写作的过程中如何有效地利用现有文献。

二是"写"的目标。我们会通过对学术论文外在结构与内在结构的学习，帮助大家掌握论文写作的基本要素，以写出井井有条、读者喜闻乐见的好文章。

三是"评"的目标。我们知道，论文写作是为学术科研服务的。我们学习论文写作，不光要有写文章的能力，更要有评价他人作品的能力，这也是研究生同学所应该掌握的必备技能之一。我们希望通过对本书的学习，培养大家的批判思维，有效提高大家评估学术论文科研价值的能力以及对学术论文的整体鉴赏能力。

本书概览：

下面我们来介绍一下本书的主要内容。但是，在这之前，我想请同学们充分发挥一下想象力。很多同学一提到读论文、写论文就头疼，总觉得规矩多、难度大，无从下手，这是因为同学们还没有培养出对论文写作的热情。其实，培养写作热情有很多方法。我在这里举一个例子：

相信大家都会有自己最喜欢的一道美食吧。如果让你来亲手制作你喜欢的美食，你肯定会跃跃欲试。大家可以把写论文想象成亲手制作自己最喜欢的美食。请大家仔细想一想，如果你亲手制作自己最钟爱的美食，需要哪些步骤？需要做哪些工作呢？

首先，我们需要准备好必要的场所和工具，以供后续使用。这就是我们第一章的内容。本章将会介绍学术写作的一些基本要素，力求打消同学们对学术写作的重重顾虑。

其次，我们需要有一个大致、总体的构思，也就是菜系的定位。在论文写作中就是如何选择写作主题。这将是第二章的内容。

选定了菜系，就需要选择具体的菜谱了。对论文写作的学习者来说，最好的菜谱就是那些经典文献。因此，在第三章，我们将会重点讲解文献检索、文献管理与文献研读。

选好了菜谱，接下来就要准备具体的食材了。对于一篇论文来说，对应的就是标题、文献综述、数据与结果。相应地，在第四章，我们将会对一篇论文从标题到结论的各个部分进行逐一剖析。

在菜肴的基本内容确定以后，我们就可以开始烹饪了。在第五章，我们将会从学术论文的词汇选用和语句表达入手，来具体讲解学术论文写作语言表达方面的特点。

一道美食在烹饪过程中，肯定少不了添加佐料和美化装饰。这也就是第六章和第七章的内容。这两部分将分别从段落的连贯性和篇章的可读性入手，介绍一篇学术论文应该如何做到通顺连贯和重点突出。

经过了之前的工作，我们就可以把做好的美食装盘上桌了。在第八章，我们将会从宏观角度介绍论文呈现所需要注意的事项。

最后，在美味佳肴上桌之后，就到了品尝阶段。在第九章我们将会在前面内容的基础上，重点介绍学位论文的写作规范、论文的答辩评价以及研究伦理等相关问题。

重要事项：

在明确了本书的内容安排后，我想跟同学们强调几件大家在学习和写作的过程中非常重要且需要注意的事情。

首先，我们要对写作这件事有一个正确认识。很多同学对写作有强烈的恐惧情绪！请大家一定要记住，写作并不是一件苦差事，而是我们用来表达和记录思想的手段！你有独特的想法，你对某个问题有深入的思考，你需要借助一种叫作书面语的工具来表达和记录你的想法、来说你想说的话，仅此而已。

在正确认识了写作的本质以后，希望同学们逐步培养起对写作的感情。大家可以充分发挥自己的想象力，把写作的过程想象成自己喜欢的事情。这样才会帮助大家在写作过程中轻松上阵，事半功倍！请大家记住，兴趣才是你的动力之源，而不是自律。

其次，大家需要学会阅读。熟读唐诗三百首，不会作诗也会吟！读写不分家，阅读是写作重要的灵感源泉。同学们只有通过大量的阅读，才能在写作的时候文思泉涌，下笔如有神。但是阅读也是有方法的，建议同学们采取精读与泛读相结合的方式。在选择阅读材料的时候，同学们需要有一定的鉴别能力。用于精读的材料不需要太多，建议同学们选择与自己研究兴趣最相关、发表层次高并且引用率高的经典文献阅读。在阅读材料的时候，同学们可以结合上课所学内容，重点关注文章问题的提出、理论的推演、结果的呈现、问题的解决等方面。同时，同学们可以关注写作的细节，比如词汇、语言的选用；语法、语言风格、连贯性，还有突出重点和简洁表达，等等。在此基础上，同学们可以就自己喜欢的话题进行模仿写作。接着是泛读。泛读的话，同学们需要有快速浏览并在短时间内获取信息的能力。泛读的目的是帮助大家巩固已经学到的技能，并开阔思维。

还有一件很重要的事情需要大家牢记，那就是勤于动笔！要想提高写作能力，一定量的练习是必不可少的。同学们只有通过不断地练习，才能将写作方面的理论知识有效转化为实实在在的能力。不断地练习，还能有效帮助同学们发现自己的短板。比如，有的同学在写作的时候可能喜欢用长句子，从而写出拖沓的文章；有的同学可能对于段落之间的衔接做得不是很好。但是这样的问题，同学们只有通过不断亲自动手去写，才能发现并进行改进。因此，我们再次强调，大家一定要勤于动笔，多加练习。

此外，同学们要对自己所写的内容进行反复修改。很多同学认为文章写完就完工了，但其实还差得很远。俗话说，好文章是改出来的。每次写的东西，当你过一段时间再读的时候，你就会发现存在很多问题。当你修改之后，过段时间再读，你又会发现新的问题。你只有通过反复修改，才能把这些问题逐步从文章中剔除，使文章越来越好，越来越接近完美！因此，说写作是个螺旋式上升的过程，道理就在这里。

另外，建议同学们不论是在写作过程还是在修改过程中，都一定要多与别人交流沟通。千万不要惧怕来自同行的批评，因为这些批评会让我们进步得更快。比如，每一次与导师讨论论文的过程都是一次难得的学习机会。我们可以认真揣摩导师的评语和修改意见，从而能够更快地取得进步。

最后，希望同学们在学习过程中不断提升自己的批判性思维能力。这一点对于大家写好论文非常重要。因此，从这个意义上说，吹毛求疵不一定是个贬义词。同学们在阅读文献的过程中，也可以带着批判性的眼光去审视已经发表的研究成果，从而提高自己的鉴赏能力。

王志

2024 年 10 月

目录

新／财／经／学／术／论／文／写／作

第一章
"磨刀"：学术写作基础

关于学术写作基础，我们主要谈以下几个方面的问题。第一，学术研究的主要类型；第二，学位论文的属性和特征；第三，学术写作的一般程序；第四，写作前的必要准备。

第一节　学术研究的主要类型

一、按照研究目的区分

学术研究按照研究目的的不同，可以分为探索性研究、描述性研究、解释性研究以及对策性研究。

探索性研究，需要回答是不是的问题。它通常用于没有清晰定义的问题，以揭示问题的本质和特征，而不是验证预先设定的假设或理论。探索性研究的目标是收集和分析关于研究主题的广泛信息，以便获取新的见解、构建新的理论框架或提出新的研究问题。它通常使用定性研究方法，如深度访谈、小组讨论、文献综述和观察等，以获取丰富的描述性数据。因此，探索性研究的特点是开放性和灵活性。它不仅可以用于新兴领域的探索，也可以用于对已有问题的重新审视以及发现新的维度。通过探索性研究，研究者可以深入了解特定主题的复杂性和多样性，为后续的研究和理论构建夯实基础，同时也为实践、监管和政策制定提供有价值的见解和建议。

描述性研究，需要回答是什么的问题。这类研究一般不涉及探讨变量之间的关系的问题，而只是对一些有趣的事件或现象进行描述。描述性研究的任务是收集资料、发现情况、提供信息，从杂乱的现象中描述其主要规律和特征。因此，描述性

1

研究的特点是客观性、系统性和概括性。描述性研究通常使用定量研究方法，如问卷调查和统计分析等，来搜集大量的数据，并对这些数据进行总结、分类和呈现。研究者使用统计指标和图表等工具来揭示数据的分布、频率、关系和趋势，从而描述和概括研究对象的特征，为后续的研究和决策提供基础。

解释性研究，需要回答为什么的问题。这类研究旨在解释特定现象或事件的原因、机制和影响。与描述性研究不同，解释性研究不仅关注现象的描述，还试图揭示其背后的原因。这类研究通常使用定性研究方法，如深度访谈、焦点讨论、文本分析等，来搜集详细的数据，并对这些数据进行分析和解释。因此，解释性研究的特点是主观性、深入性和理论性。它的目标是深入挖掘研究对象的本质和内在机制，以发现现象背后的规律和原理，从而为理论构建和理论发展打下基础。

对策性研究，需要回答怎么办的问题。这类研究旨在提出针对特定问题的解决方案及对策。它关注问题的解决和实践应用，以帮助组织或个人应对现实中的困境和挑战。对策性研究通常是在实践场景中进行的，通过搜集和分析相关的数据和信息，来制订有效的解决方案。研究者通常与组织或利益相关者合作，通过调查、案例分析、实证研究等方法来搜集数据，共同探索问题的本质、原因和可行的解决方案，并评估不同对策和解决方案的有效性。对策性研究的目标是为组织或个人提供具体的建议和行动方案，以解决实际问题。

二、按照研究方法区分

学术研究按照研究方法的不同，可以分为实证研究和理论研究。

实证研究是一种基于现实资料和数据的研究方法，旨在通过搜集、分析和解释实际观察到的数据来验证或推翻假设。实证研究强调对现实世界的观察和实际数据的分析，以得出客观、可量化的结论。实证研究属于归纳法的范畴。

相应地，理论研究，或者叫作规范研究，则是从更高抽象层次的公理、定律、法则或学说出发，运用逻辑推理（包括数学计算）得出支持或否定假设的结果。它侧重对现有理论、概念、框架或模型的分析、解释和扩展，以增进对特定领域或现象的理论理解。理论研究属于演绎法的范畴。

三、按照服务对象区分

学术研究按照服务对象的不同，可以分为基础研究和应用研究。基础研究与应用研究是两种不同的知识生产形态。

基础研究着眼于理论和概念。其主要目标是推动科学知识的发展，探索基本原理、规律和理论，而不是直接解决现实问题。基础研究为应用研究和实践发展提供了理论支持。尽管基础研究的结果可能无法直接应用于解决实际问题，但它为解决复杂的现实挑战提供了理论基础。学术著作、纵向课题等一般属于基础研究。

应用研究的主要关注点是将已有的理论、原理和知识应用于实际情境，以解决现实生活中的实际问题或满足特定需求。与基础研究相比，应用研究更加关注实践应用的可行性和效果，追求解决实际问题的实用性和有效性。调研报告、横向课题等一般属于应用研究。

第二节　学位论文的属性和特征

一、学位论文的属性

讲完了学术研究的基本类型，我们来看一个与之相关的概念——学位论文。学位论文是学术论文的一种类型，是用于申请相应学位的学术论文，其主要内容是研究者在所从事的研究中取得的创造性结论或见解。也就是说，学位论文应当是研究者进行学术研究或学术活动的成果。按照所要申请学位的不同，学位论文可以分为三个不同的层次，也就是本科学位论文、硕士学位论文和博士学位论文。不同层次的学位论文在形式和内容上都有不同的要求。本科阶段更多是验证知识，硕士阶段侧重应用知识，而博士阶段则要求创造知识。

二、学位论文的特征

一般来讲，学位论文有如下几个特征：第一，科学性。学位论文的整个写作过程必须严格遵循学术研究的步骤和流程，符合学术研究的要求和规范，体现学术研究的准则。第二，创新性。学术研究归根到底是一项创造性活动，而作为这项创新活动载体的学位论文理所当然需要具有创新性。第三，规范性。学位论文需要遵守基本的学术道德规范和写作规范。第四，时限性。不同于其他类型的论文，学位论文的一个重要特点是其所要完成的每一个环节，比如开题答辩、预答辩、外审、正式答辩等都有明确的时间限制。学生们只有严格按照要求逐步完成这些步骤，才能取得相应的学位。

第三节　学术写作的一般程序

学术写作的程序根据类型不同，其侧重点也有所不同。一般来说，学术写作的逻辑程序如下：主题选择、文献综述、研究设计、数据搜集、数据分析、报告结果，以及得出结论。关于上述逻辑程序，我们将会在第四章中进行详细讲解。

而在操作层面，学术写作的一般程序为：选定论题范围、草拟论文提纲、撰写论文初稿，以及完成论文定稿。其中，关于选定论题范围我们会在第二章中详细讲解，其余操作程序我们将会在第九章中进一步总结。

第四节　学术写作前的必要准备

在学术写作开始之前，我们还需要做一些必要的准备工作。这些工作包括明确写作要求、分析写作受众、评估写作可行性、积累学术输入，以及导师管理。以下我们进行详细讲解。

一、明确学术写作的要求

在学术写作之前，我们首先要明确学术写作的要求。我们需要注意，每个学科和领域都有自己的科学写作范式。比如，自然科学与社会科学的写作范式往往大相径庭。就拿社会科学来讲，不同学科之间在写作特点与写作要求方面也有着很大的不同。所以，请同学们在下笔之前，一定要先弄清自己学科和领域的要求，比如论文结构、研究方法等，做到有的放矢。同时，要明确不同受众群体的要求，也就是说，需要充分考虑读者的知识结构和专业水平。另外，针对不同的场合，比如论文开题、外审或最终答辩等，我们也要弄清楚不同场合、不同阶段对文章的要求。比如，在开题阶段，我们只需要理清文章的思路，列出能够反映文章研究脉络的提纲，并论证可行性等，而不对文章的词句段篇等文字表达进行过多要求。最后，如果我们的论文需要到学术刊物上进行发表，我们还需要明确不同刊物对文章题材、体裁、格式、风格等方面的要求。

二、分析学术写作的受众

我们最终的作品是要拿给读者去品评的，因此，我们必须在学术写作之前分析写作受众的特点，从而使我们的文章更有针对性。这里，我们需要考虑两种不同的情形。

第一种情形是作者所掌握的知识比读者的多。比如说，针对某个话题，作者是专家，而鲜有读者了解这一领域。这个时候，作者写作的目的是指导和教育读者，增加读者的知识。在这种情况下，我们在写作过程中，就需要提供更多的关于我们写作主题的背景信息，起到充分的铺垫作用，让读者更快地了解这个主题的来龙去脉，以达到更好的沟通效果。同学们肯定会想，我们的学位论文会出现作者的知识比读者多的情况吗？其实，如果你的论文是一个比较新的领域或新的话题，关注和了解该领域或话题的专家比较少，而你恰恰由于系统的研究和较长时间的积累，成为该领域或话题的专家，此时，你在论文中就需要有意识地提供更多相关的背景信息，包括制度背景和理论依据等，以帮助读者更好更快地熟悉你的研究话题。

第二种情形是作者所掌握的知识与读者一样多。比如说，同行与同行之间。这个时候，我们写作的目的则是提供一些我们所掌握的独特信息，或者表达我们自己独特的思想。在这种情况下，我们在写作过程中，就无须提供更多的关于我们写作主题的背景信息，从而使文章更为简洁明快，更快进入主题，这样才能达到更好的沟通效果。那么，这种情况应用在学位论文的场景中会是什么样呢？如果你探讨的是一个比较经典的话题，熟悉该话题的读者人数比较多，那此时在写作中对于背景信息的介绍要尽量减少。对于经典话题，过多的背景信息会有凑字数之嫌。

总之，我们要在写作之前，或在选题时分析读者对本文话题的熟悉程度，从而有针对性地安排写作进程。

三、评估学术写作的可行性

在学术写作开始之前还有一个很重要的方面，就是评估学术写作的可行性。学术写作的可行性直接关系到一个研究计划是否可以顺利实施并且达到预期目标。学术写作的可行性评估一般从研究方案的可行性和研究成果的可行性两个方面入手。研究方案的可行性包括选题是否达标、文献是否可得、数据是否可得、研究方法是否恰当、研究工具是否可用、工作量是否合理以及整个研究是否符合伦理规范等。而研究成果的可行性主要是指文章成品的科学性和创新性，以及其预期会产生的理论贡献和应用价值。在制订研究方案时，我们应该进行充分的前期调研和论证，与导师或专业人士进行广泛而深入的讨论和沟通，以确保研究方案和研究成果的可行性。

四、积累学术输入

（一）学术输入的三个方面

不同于其他类型的写作，学术写作要求作者有一定的原始积累，这些原始积累就是学术输入。我们要完成一篇有价值的学术著作，至少需要在以下三个方面进行积累：

第一，阅读。阅读是学术写作的基础，其不仅能够为我们提供丰富的写作素材，还能帮助我们形成独特的语言风格和学术气质。通过广泛的阅读，我们可以了解所在研究领域的最新发展动态、理论基础和研究方法，从而使自己的研究更具前沿性和科学性。阅读也能够帮助我们找到潜在的研究问题，并学习如何构建有效的论证。关于具体的阅读方法和策略，我们将在第三章中详细讨论。

第二，研究。学术论文是研究成果的载体，因此，充分的研究工作是写作高质量学术著作的前提。研究不仅包括广泛查阅相关领域的文献资料，了解已有的研究成果和理论框架，还包括必要的实证调研、数据搜集和分析。通过研究，我们能够获得新的证据，为自己的论文提供实质性的理论及实证支持。

第三，思考。学术论文是深度思考的结晶，它反映了作者独特的学术见解和创新思维。通过反复推敲已有的理论和观点，批判性地分析研究材料，我们可以发现新的问题，提出新的假设，并探索新的解决方法。思考不仅是在获取知识，更是在创造知识。我们只有通过不断思考，才能形成自己独到的学术观点。

（二）积累学术输入的方式

学术输入是一个逐步积累的过程。在日常生活和学术实践中，我们可以通过以下五种方式来有效积累学术输入，从而提升自己的研究能力和学术水平。

第一，准确把握理论脉络。要深入了解一个研究领域，我们需要掌握其理论背景和发展脉络。我们可以从该领域的经典文献入手，学习具有里程碑意义的研究成果，了解这些理论的起源与演变过程；通过分析不同阶段的研究成果和理论观点，追踪理论的演进路径和变化趋势，发现理论的发展逻辑和关键节点；进一步地，了解不同理论派别之间的争议和辩论，将不同理论观点进行整理和分类，并找出它们之间的联系。这种系统化的学习方法能够帮助我们形成清晰的理论框架，增强学术判断力。

第二，密切关注研究动向。我们要及时了解学术界的最新研究成果。比如，我们可以订阅相关领域的重要学术期刊和会议的最新出版物，这些期刊和会议往往汇集了该领域的最新研究方向和前沿热点；加入学术社交平台，如 ResearchGate、Academia. edu 等，关注领域内的知名学者和研究团队，阅读他们最新的研究论文和动态更新。我们还可以关注领域内的学术组织、研究机构以及大学的官方网站和社交媒体账号，定期查看他们发布的最新研究项目、学术报告和相关活动信息。通过这种方式，我们可以时刻保持对本研究领域的前沿探索和创新方向的敏感度。

第三，广泛涉猎基础学科。跨学科的视角能够为学术研究提供新的灵感和方法，因此我们在专注于某一领域的同时，不妨广泛涉猎与其相关的基础学科。基础学科的理论和方法往往能够为研究提供引领方向，促进研究的深入。例如，社会科学研究者可以了解统计学、心理学等基础学科的理论和方法，而自然科学研究者可以了解哲学和历史等领域的相关知识。了解不同学科之间的交叉和融合，能够拓宽学科视野，帮助我们发现新的研究问题和研究方法，从而提升研究的创新性和多样性。

第四，紧密跟踪实践发展。理论研究需要与实际应用紧密结合，因此保持对相关行业的关注至关重要。我们可以阅读行业报告、新闻、期刊和专业网站，了解行业的最新发展、趋势和变化；同时，积极参加行业研讨会、展览会等活动，与业界专家进行面对面的交流和讨论，以获取第一手的行业信息和实践经验；也可以加入行业相关的社交媒体群组、专业论坛和在线平台，定期与同行业的专业人士进行交流，分享彼此的经验和观点；还可以参与实践项目，与业界合作伙伴共同解决实际问题，深入了解实践需求和挑战，从而提高学术研究的应用价值和社会影响力。

第五，敏锐把握制度背景。我们应关注制度和政策对研究领域的影响。深入研读与所关注领域相关的学术文献、研究报告和政策文件，我们可以了解相关制度的发展历史及其演变趋势。关注政府部门发布的政策文件、法律法规和指导意见，我们可以了解政府在特定领域内所采取的制度措施和战略倡议。这些信息不仅可以为学术研究提供背景支持，还能帮助研究者更好地把握研究方向与社会需求的契合点。

五、导师管理

我国研究生的培养制度是导师负责制。学生无论是学校内的学习生活，还是毕业之后的发展，都和导师息息相关。具体到学位论文的写作，学生从论文选题到写作定稿再到评审答辩，都离不开导师的专业指导。

要与导师进行有效沟通，我们首先需要了解自己导师的类型。比如，在指导内容方面，我们可以观察导师的工作重点更偏向理论研究还是实践应用，从而协调双方的工作重点。在交流方式上，我们可以观察导师是属于命令式、启发式还是属于自由式的风格，从而协调双方的沟通方式。

在写作过程中，我们一定要与自己的导师保持密切的联系和深入的交流。在沟通频次上，除保持日常的交流之外，在论文选题阶段、初稿撰写阶段、论文完善阶段以及答辩阶段等重要节点，我们还要勤于向导师请教。在沟通方式上，我们要充分考虑双方的工作习惯，选择随机或者预约的方式，线上或线下交流。总之，最大限度地利用好导师的资源，会使我们的论文写作之路走得更为顺畅。

具体来讲，第一，要明确导师的工作习惯。每位导师都有自己独特的工作风格和习惯，了解并适应这些习惯是建立有效沟通的第一步。例如，有些导师可能更喜欢通过电子邮件交流，而有些则更倾向于面对面的会议。此外，了解导师的时间安排和工作节奏，有助于我们在合适的时间找到导师，避免打扰导师的工作。适应导师的工作习惯不仅能够让沟通更加顺畅，还能表现出尊重他人的态度。

第二，主动联系导师。在研究过程中，主动性是至关重要的，尤其是面对困难或疑惑时。导师通常有繁忙的日程安排，等待导师主动联系学生可能会错过一些宝贵的指导机会。因此，我们应当主动联系导师，就自己的研究进展、遇到的问题或新的想法进行汇报和讨论。主动联系导师不仅能帮助自己及时解决问题，还能让导师了解我们的研究进度，从而提供更有针对性的指导。

第三，沟通前列出需要讨论的要点或提纲。在与导师沟通之前，提前准备好要讨论的问题和要点是高效沟通的关键。这不仅可以确保在有限的时间内覆盖所有重要议题，还能使讨论更有条理，避免漫无边际的对话。提前准备提纲或问题清单，也显示了对导师时间的尊重和对研究的认真态度，这种有准备的沟通方式通常会更受导师的欢迎。

第四，自己先思考，带着答案去沟通。在向导师提出问题之前，尽量自己先进行独立思考并尝试找到答案。这种方式不仅能培养自己的独立研究能力，还能向导师展示自己解决问题的主动性和思维深度。当带着初步的答案或解决方案与导师沟通时，导师可以基于这些基础提供更有深度的指导和反馈，而不是从头开始解释基本概念，这样可以更好地利用导师的时间和经验。

第五，保持固定的沟通频率。保持定期的沟通能够帮助导师及时了解我们的研究进展，并在必要时提供指导和调整建议。根据研究的阶段和进展，我们可以与导师商定一个固定的沟通频率，比如每周或每两周一次。定时沟通不仅可以建立起高效的工作节奏，还能确保在遇到问题时能够及时得到反馈，避免研究工作积压。定期的沟通也有助于建立和维持与导师的良好关系，形成一种持续的交流和互动。

第二章
"菜系"：学术写作主题选择

第一节 选题的重要性

我们评价一篇文章有很多标准。我认为，陶渊明先生的《桃花源记》给我们描绘了一种惟妙惟肖的评价方式。一篇好的论文给读者的观感应该如"桃花源"一般。请大家思考一下，"桃花源"有什么特点呢？"初极狭，才通人。复行数十步，豁然开朗。"我们把这个情景应用在论文中，就会发现，它对应着完成一篇论文的三个步骤。首先，我们拿到一篇论文，所关注的第一件事就是它的研究问题是什么。这个问题最好能够留给读者什么印象呢？"初极狭，才通人。"也就是说，这篇文章所研究的问题是我们没有想到的，是非常有趣的！有一点意料之外！是一个充满了惊喜的问题！这一点对应着我们论文写作时研究问题的提出。其次，"复行数十步"，随着行文的深入，我们发现，这篇论文的理论逻辑由浅入深，环环相扣，非常符合我们日常对社会经济现象的判断，也非常符合我们的逻辑。通俗来讲，论文的分析很有道理。这一点，对应着论文写作的问题分析部分。最后，文章采用合理的方法和技术，对研究问题进行了比较到位的实证检验，提供了扎实可靠的证据，很完美地验证了论文的假设和预期，让读者"豁然开朗"。这就意味着论文的研究问题得以有效解决。大家看，三个感官阶段给我们的感受是非常连贯、舒服的。同时，这三个阶段对应的内容分别是提出问题、分析问题和解决问题。现在，我们换个视角来看，对于一篇好论文来说，它的问题提出要引起读者的兴趣，它对问题的分析要符合常识和逻辑，它对问题的解决要扎实可靠。而这三个阶段都有一个共同的核心词，那就是问题！也就是说，研究问题会贯穿整篇论文，我们后续的各项工

9

作都是围绕这个问题来进行的。如果这个问题没有意义，那后续的工作即使做得再扎实也是枉然。因此，研究问题的选择对于一篇论文的成败而言，其重要性不言而喻。

第二节　什么是好的选题

既然好的选题对于一篇论文如此重要，那么什么才是好的选题呢？

总体而言，我们研究的是中国问题！中华人民共和国成立以来，尤其是改革开放以来，我国经济社会发展进程波澜壮阔、成就举世瞩目。

一方面，历史积累、实践积累和经验积累，为我国经济和管理理论与实践创新提供了最为广阔的空间。因此，我们应该好好把握这个历史机遇，立足我国的国情和发展实践，深入研究我国经济社会面临的新情况、新问题，揭示新特点、新规律，为世界贡献中国经验、中国智慧以及中国经济和管理的最佳实践案例。另一方面，中国的企业也经历了深刻变革，在国际化进程中不断发展壮大，蕴藏着理论创造与实践发展的巨大动力、活力和潜力，为经济学、管理学思想提供了最为鲜活的样本。因此，我们有必要系统梳理中国企业的发展历程，深入总结中国企业管理理论和发展模式，推动中国企业可持续和高质量发展。

总体来讲，我们的研究要让世界更好地认识中国、了解中国。这就要求我们深入理解中华文明，从历史和现实、理论和实践相结合的角度深入阐释如何更好地坚持中国道路、弘扬中国精神、凝聚中国力量，从而讲好中国故事。

在这个方向之下，关于学术论文写作主题选择的宗旨，请大家记住一个词："顶天立地"。具体来讲，它包含以下三个层面的含义。

第一，这个选题是一个有理有据的"大问题"。也就是说，这个选题既有扎实的理论支撑，又面向学科前沿。一方面，具有理论支撑，意味着这个研究问题在理论上已经有充分的研究基础和完整的研究脉络，在相关理论框架、概念、模型或实证发现等研究成果上已经有一定的积累。我们可以借鉴、扩展或修正现有的理论观点，将它们运用到实际研究中，并通过理论支撑来解释、分析和推动研究的进展。另一方面，面向学科前沿则表示这个研究问题与当前学科发展的前沿方向或最新趋势相关联，具有一定的创新性和前瞻性。要将扎实的理论支撑与面向学科前沿结合起来，我们不仅要将选题建立在可靠的理论基础上，还要关注学科的最新动态和前沿问题,以便能够在已有的理论框架的基础上进行创新性的探索,为学术界和实践带来新的认识和见解。要做到这一点,我们需要大量涉猎和积累相关领域的理论文献,熟悉该选题的理论脉络、相关的研究成果以及未来发展趋势。

第二,这个选题是一个立足实践的"真问题"。也就是说,这是一个面向国家战略需求、面向经济主战场的重要问题。一方面,面向国家战略需求意味着这个选题与国家的长期发展规划、战略目标、重大需求或重要挑战相契合,致力于解决国家面临的战略性问题,旨在为国家发展提供战略性的科学支持或技术支撑。另一方面,面向经济主战场则意味着这个选题与国家经济发展的重点领域和主要产业相关联,致力于针对经济发展的核心领域、产业链的瓶颈、关键技术的突破等问题进行研究和创新,旨在提高国家经济的核心竞争力,推动相关产业的升级和创新,促进经济可持续发展。面向国家战略需求和经济主战场的研究选题具有明确的目标导向和社会影响,强调研究成果的应用价值和实际效果。要做到这一点,同学们需要了解国家发展规划、战略纲要、政策文件以及重要的改革实践。

第三,这个选题是一个接地气的"源问题"。这一点要求我们的选题要充分考虑我们国家历史文化的独特性和制度背景的独特性。一方面,历史文化的独特性塑造了我国人民独特的价值观、信仰体系和思维方式。中国历史文化悠久,千百年来形成的关于道德伦理、家庭观念、社会秩序等的价值观念在中国人民的思维方式中扮演着重要角色。因此,理解历史文化的独特性对于深入了解中国人民的思维方式具有重要意义。另一方面,制度背景的独特性塑造了我国企业独特的行为模式。制度背景是一个国家或地区的政治、经济、法律和社会制度等方面的组合,它深刻影响着企业的决策、运营、创新和社会责任等方面的行为模式。因此,理解制度背景的独特性对于深入了解我国企业行为模式的形成和发展具有重要意义。

第三节 选题原则

讲完了选题的宗旨,我们接下来总结一下论文选题的具体原则。在这里我们给大家概括了 12 个原则,它们成对出现,两两相对应。它们分别是有用性原则与重要性原则;拓展性原则与有界性原则;公共性原则与经验性原则;传承性原则与创新性原则;现实性原则与前瞻性原则;可行性原则与趣味性原则。其中前两个原则:有用性与相关性是最根本的原则。下面我们就进行逐一讲解。

一、选题的有用性/重要性原则

选题的第一个原则，也是最根本的原则，是有用性，或者说是重要性。

很多同学在参加论文答辩的时候，经常会被老师提问："你这篇论文的意义或者价值是什么？"这个问题常常让不少同学头痛不已。其实，这个问题的本质就是选题的有用性。因为研究的目的一定是解决问题。不论是理论问题还是实际问题，总之是要解决问题。学术研究要以问题为导向，推动人类社会向前发展。因此，相应地，一个有用的选题应当具有一定的理论价值和实践价值。

要想知道自己的选题是否有用，请同学们一定要问自己这样两个重要的问题：

第一，我的研究能够解决什么问题？是理论问题还是现实问题？也就是说，选题应该具有学术上的重要性，能够对学科领域发展做出贡献。它可以填补知识空白、解决研究难题、扩展理论框架或验证现有理论。同时，选题应该与现实问题相关，解决社会实际需求。它可以提供对现实问题的解决方案、改善现有实践、促进社会发展或推动政策制定。所以，论文选题应该在学术层面和实践层面都具备重要性和有用性，能够对学科领域发展做出贡献并解决实际问题。

第二，因为我的研究而受益的读者够不够多？换句话说，在读了你的论文之后，有哪些群体会得到帮助？如果你的论文能够帮助别人解决问题，那就说明你成功了。

接下来，我们再具体地讲解一下"有用性"或者"重要性"的两层含义。

第一层含义，选题要有理论价值。理论价值是说我们的研究能够对某个领域的理论或者概念做出某些贡献。这些贡献可以体现在多个方面：

首先，我们可以创造或者发现理论。讲到这里，同学们的脑海中可能会产生一个大大的问号：创造新理论，这也太难了吧！这是我可以做到的吗？其实，创造理论也没有那么难；相反，它就在我们身边。为什么这么说呢？大家可能知道，案例研究的重要作用之一就是发现理论，而专业硕士学位论文一般是以案例研究来完成的。那么，我们会有很大的机会来发现新理论。比如扎根理论研究方法就可以帮助我们从经验事实中抽象出新的概念和思想，从而构建新的理论。

其次，我们可以完善已有的理论，这是学术研究中较为常见的做法。例如，我们可以根据不同的研究情景添加变量或者改造模型，从而为理解某种现象提供新的理论框架。我们也可以探究原有研究中缺失的作用机制，从而加深对现有研究的理解，等等。我们以 Di Giuli 和 Kostovetsky 于 2014 年发表在 *Journal of Financial Economics* 的 *Are red or blue companies more likely to go green? Politics and corporate social responsibility* 这篇文章为例来说明。这篇文章的选题是公司的政治观点会影响其社会责任的履行。这个选题就扩展了早期关于企业社会责任履行以及社会责任投资的研究，为"直接价值"理论提供了新的经验证据。也就是说，即使企业社会责任并不增强公司的盈利能力，它也可以对利益相关者的福祉产生积极影响。

最后，我们可以验证某个理论在不同情境中的适用性。其实，同学们经常在文章中用到的横截面检验，就是在探索我们论文的理论在不同情景中的适用性。其他比较典型的例子还有跨国别的研究，也就是同样一个现象在不同国家和地区，由于不同的制度背景和文化而呈现不同的结果；也有跨领域的研究，比如我们采用脑科学的技术来观察金融领域投资者心理和行为变化背后的生理学逻辑；此外，还有跨方法的研究，比如我们可以用实验经济学的方法去审视传统财务、审计和金融理论，看看它们在实验室的不同环境和条件下是否继续成立，等等。

第二层含义，选题要有实践价值。根据研究目的的不同，选题的实践价值也会体现在不同的层面，比如个体、组织、产业或者国家层面等。因此，我们在考虑选题价值时也要兼顾这些方面。在确定选题之前，我们要思考我们的研究对企业本身有什么参考价值。这个方面既包括企业组织层面的决策优化，也包括企业内部个人层面，比如管理者和员工等个体福祉的改善。同时，我们也要思考，我们的选题能够为资本市场主体优化投资决策提供什么参考呢？具体来说，是债务类投资者还是权益类投资者？是机构投资者还是散户投资者？还有，我们的研究问题对企业所处的产业链上下游有什么影响？本文的结论可能对监管者和政策制定者有什么借鉴意义？只有全面细致地回答了上述问题，我们的选题才具有实践价值。

二、选题的相关性原则

选题的第二个重要的原则是相关性原则。也就是说，我们应该选择本专业范畴内的话题。如果选题超出了学科范围，就有可能受到质疑。这一点很好理解。

但是，请同学们注意，我们的选题核心是本专业的话题，但这并不表示我们不能进行跨学科、跨领域研究。

首先，我们可以采用跨学科视角来研究本专业的问题。比如说，我们可以把财务、会计、审计（财会审）的研究与行为经济学相结合，来研究财务决策中的行为偏差和心理因素对财务信息披露、投资决策、风险管理等方面的影响。我们也可以把财会审的研究与信息技术相结合，研究信息技术对财会业务流程、财务报告和内部控制的影响。同时，结合信息技术领域的理论和实践，探索会计与财务信息系统

13

的设计与实施、数据分析与挖掘、电子商务和区块链技术在财会领域的应用等问题，以提高财务信息的可靠性和相关性。我们还可以把财会审的研究与可持续发展相结合，研究财务报告中的环境、社会和治理信息对企业价值、投资决策和风险评估的影响。我们也可以综合环境科学、社会学、企业伦理等学科的理论和方法，探讨会计与财务在可持续发展评价、社会责任报告、碳排放披露等方面的角色和作用，以推动企业的可持续发展和社会责任履行，等等。通过跨学科研究，我们可以对研究问题获得更全面的理解和更深入的洞察。

其次，我们也可以利用跨学科理论来解释本专业的问题。比如，采用社会心理学的相关理论来探索投资者在决策中的心理和行为模式。我们来举几个具体的例子。我们可以用决策心理学理论来解释会计人员或者投资者在面对复杂的财务信息时的决策偏差、认知偏见和风险态度。我们也可以用行为经济学理论来解释投资者在进行财务报表分析、风险评估和投资决策中可能存在的行为偏差和情绪影响。我们还可以采用组织行为学的相关理论来解释企业决策背后的逻辑，等等。比如，我们可以用绩效管理理论来解释如何设定和衡量会计绩效指标，以及如何激励会计人员实现组织目标；同时，可以了解会计人员在组织中的工作动机、激励机制和合作方式，从而帮助解释他们的职业行为和组织适应性。我们也可以用知识管理理论来研究如何通过知识管理来提升会计人员的组织绩效和创新能力，等等。

三、选题的拓展性原则

拓展性原则是指论文选题要有继续研究的空间。这就要求我们兼顾横向扩展和纵向深入。

具体来讲，要有横向拓展空间意味着选题应该具备融合多个学科领域的潜力。举个例子，企业的"媒体嵌入性"和"媒体关联"是非常类似的概念，但是"媒体嵌入性"的概念范畴大于"媒体关联"，它可以包含来自媒体的组织层面和个人层面的影响，也可以包含来自媒体的正式影响和非正式影响。因而，我们在研究过程中更有可能借助其他学科领域的理论知识来解释这一问题，其研究内容也可以更加丰富。当然，我们并不是说选题的范围越大越好，而是提示大家，在研究问题可聚焦、可解决的前提下，研究问题的选择可以适当留出一些横向扩展的空间。这样，我们在研究空间里选择具体研究对象的范围也更大，研究的维度也会更加丰富，对相关问题的理解也更为透彻。要有横向拓展空间还意味着选题应该尽量具备在不同行业领域广泛应用的潜力，从而具有更强的社会影响力；也应该尽量具备在不同地域和文化背景下适用的潜力，以便帮助读者理解和解决全球性的共性问题，并促进跨国合作和经验共享；还应该尽量具备在不同时间尺度和历史背景下延伸的潜力，这种横向拓展能够帮助我们理解事物的演变和发展趋势，揭示问题的本质。

当然，同时做到以上几点并不容易。因为有时候我们就是需要对单一学科中的某个概念或者模型进行深入探讨，而不需要延伸到其他学科；有时候我们就是需要研究某一个特殊行业或者特殊地区的问题，这个问题独特且重要，但并不适用于其他行业或地区；有时候我们的研究问题是时代的产物，只适用于当下的情景，过去不存在，未来可能也会随着技术的更迭而消失。在这样一些时候，我们的研究问题仍然是有意义的，因而不必硬要进行横向扩展。

此外，选题还应该尽量有纵向深入的空间。这就意味着，这个问题的答案不是显而易见的，而是值得深入挖掘的。具体来讲，首先，这个选题应该能够允许研究者深入探究某个问题的本质和核心要素。也就是说，我们有充分的可能性从理论上去挖掘问题的根源和机制，以及与其他问题的关联。其次，这个选题应该能够运用一定的科学研究方法和技术来解决问题。最后，这个选题应该能够进行较为深入的实证研究，最好既能通过大量的数据来做回归分析，又能在某些具体的、独特的案例中有所体现，为验证理论和指导实践提供有力支持。

拓展性原则还体现在，我们的选题内容不是做完本篇论文就结束了，最好也能给未来研究留有余地。关于这一点，与之相关的一个重要问题是本篇论文与未来研究的平衡问题，这一点非常值得我们关注。当我们的研究问题兼顾了上面所讲的横向扩展和纵向深入的诸多方面后，我们可能就会面临很多需要解决的小问题。这些问题可能是理论层面的，也可能是技术层面的。但是，当一篇论文尝试同时处理很多问题的时候，可能哪个问题都不能得到非常满意的解决。这时候，我们就需要对选题的范围做一些裁剪和取舍，专注于当下最核心、最重要的问题，而适当地把一些相关的研究问题剥离出来，放在以后的研究当中。

四、选题的有界性原则

与拓展性原则相对应的原则是有界性原则。我们为了把一个问题的来龙去脉说清楚，需要在理论上、实证上以及技术上花很多功夫。因此，我们的研究问题必须聚焦！这就要求我们在一篇论文中必须明确定义研究的范围和边界，以确保研究问题的可靠性和可行性。具体来讲，首先，研究对象需要限定。选题应该明确确定研究的对象或领域，并对研究范围进行界定。这样可以避免选题过于宽泛或笼统，使研究更具体、明确和有针对性。其次，研究对象所处的时间和空间需要限定。选题应该明确确定研究的时间范围和空间范围，使研究更加可行和可操作，避免时间和资源的浪费。最后，研究方法需要限定。选题应该明确确定所使用的研究方法和技术，并确保其适用于研究问题的调查和分析。这样可以使研究更加可行和有效，提高研究的可信度和可靠性。所以，总体来看，选题遵循有界性原则，能够保证研究工作在可行的范围内进行，并且有明确的研究目标和范围，避免过大、过于宽泛或模糊的选题，使研究更有针对性和可操作性。

但是，请同学们注意，我们在选题时，研究问题尽管需要聚焦，但我们的选题要能够保证研究内容的丰富性，也就是刚才讲过的可拓展性。这两个原则是相辅相成的。在实际操作中，同学们可以去尝试扩展相关概念的内涵，或者采用多种理论模型互相佐证，也可以对研究问题的作用机制、限定条件以及经济后果进行检验。

我们来举一个具体的例子。比如说这样一个题目：新收入准则的应用研究。这个题目显然可拓展的空间非常充足，但是缺点在于缺乏有界性，研究问题不够聚焦。那我们换一个问题：新收入准则实施对上市公司盈余质量的影响。这个题目就符合有界性原则，因为它的研究对象是很明确的，而且时间、空间范围和研究方法也是可以界定的。

五、选题的公共性原则

公共性原则指的是论文的服务对象是社会大众，而不是某个个体，所以论文的选题要是社会大众所关心的问题。比如说，某同学的日记，服务对象只有该同学自己。

公共性原则还有一层意思，是说学术论文所涉及的议题以及所引用的文献都必须是公开的、公共的。比如说，某同学自己建造了一座房子，这次经历就不足以成为一篇学术论文的议题，因为它太个性化了。同样地，论文中所引用的文献也必须是公开的。文献可以是未发表的，但必须是公开的，比如工作论文。也就是说，同学们在写论文的时候，就不能引用像自己的日记这样的素材了。

不过，请同学们注意，尽管我们说论文的服务对象、议题和引文都必须具有公共性，但是个体现象可以帮助我们发现共性规律，并且这将会是很好的潜在议题。比如，一个建筑师自己建房子的经历可能不能作为一个科学议题。但是，如果能够通过他的个人经历发现建筑学、力学或者美学上的一些新的规律，那就非常值得写出一篇学术论文了，因为这个规律可以服务社会大众。

最后，公共性原则不仅是指选题要具有广泛的社会影响力，还要求选题必须符合社会伦理。这意味着，研究者在选题时，应当充分考虑研究内容的伦理道德标准，确保研究不会对社会公众利益造成负面影响或引发社会伦理争议。例如，研究涉及敏感的社会问题、弱势群体或可能引发社会偏见的话题时，研究者需要格外谨慎。遵循社会伦理不仅有助于提高研究的社会接受度和可信度，还能确保研究成果能够真正为社会进步和公众福祉做出贡献。

六、选题的经验性原则

与公共性原则相对应的是经验性原则。这是什么意思呢？就是说一些个体的、个性化的经验对于学术写作的选题也会非常有用。这是因为，个体经验的支撑会增加文章的研究价值与新颖性。比如，我国独特的文化背景为"文化与金融"类别的研究提供了非常有价值的研究土壤，但必须是在我国长期生活过，并且对我国特有的文化基因非常熟悉的研究者才能胜任这样的研究。

此外，经验性原则在案例研究中体现得尤其明显。案例研究要求针对某个研究问题所选择的案例必须具有典型性和代表性。而要选出这样一个或几个独特的案例，也必须依赖研究者独到的观察和个性化的体验。因此，我们每个同学独特的生活经历或体验都是宝贵的财富，会帮助我们发现好的、典型的案例，来支撑我们所要讨论的科学问题。

七、选题的传承性原则

我们的研究一般来说都是建立在前人研究的基础之上的。具体来讲，每个领域总是有一些固定的研究范式或者研究模式需要我们去遵循。同时，每个话题也都有特定的研究脉络。这一点首先体现在特定话题具有特定的理论研究框架。比如，如果我们研究资本市场定价效率的经济后果，那么，我们肯定绕不开它的理论分析框架，也就是建立在有效市场假说和市场择时理论基础上的"股权融资途径""理性迎合途径""信号传递途径"。不论我们在具体讨论资本市场定价效率的什么后果，我们都需要借助这个理论框架去解释问题。

而且，用来解释与某个主题相关的话题的理论依据一般也是一脉相承的。比如，我们要研究高管行为的经济后果，就有可能用到委托代理理论、锦标赛理论、高层梯队理论等相关理论进行解释。无论我们在讨论高管行为的什么具体经济后果，总是或多或少要用到这些理论。

更一般地，我们研究两个变量 A 与 B 的关系，有关 A 的研究和有关 B 的研究，我们都需要全面关注。这就要求我们在选题过程中，先梳理本领域相关的研究成果，并做简要的文献综述，从而正确把握该领域的研究范式与研究脉络。

八、选题的创新性原则

与传承性原则相对应的是创新性原则。创新性的难点在于如何去创新。其实，创新是一个比较宽泛的概念，不同学者对创新的认知会有所不同。一般来讲，我们大致可以从以下四个方面去理解创新：

第一，贡献新知识，包括发现新的研究问题、提出新的观点，以及创造新概念、新理论或新方法。这个方面的创新难度最大，创新程度也最高，要求研究者有深厚的理论功底和对现实世界的细致观察。

第二，我们可以采用一个新的研究视角去探索一个经典的研究话题。比如，传统关于企业社会责任的研究多是从较为宏观的组织层面去探索企业社会责任的影响因素或者经济后果。如果我们换个视角，从较为微观的个体层面观察一下员工对于企业社会责任的承担或者认知，就会发现更多有意思的结论。

第三，我们可以采用新的方法去重新审视一个经典的研究问题。当然，这个新方法在解决问题的效率与效果方面一定要比原来的方法更优秀才可以。

第四，随着时代的变迁或技术的发展，针对某个问题的研究材料，比如数据、样本、证据等，也可能会发生变化。如果我们能够发现新的材料，比如质量更高的数据、更具典型性的样本或者更为科学的证据，并且用来解决现有的问题，也可以体现研究成果的创新。

有的学者把研究问题按照创新程度由低到高分为三种类型："me too"（我也是）、"me better"（我更好）和"me only"（我唯一）。"me too" 类的研究基本上就是复制别人的研究问题，创新程度几乎为零；"me better" 类的研究为数众多，这类研究的创新方式就基本对应我们刚才提到的新视角与新方法；而 "me only" 类的研究则是贡献新知识。其实，我们做研究的过程基本都是遵循这样一个步骤，从学习别人的研究开始，慢慢地加入自己的一些改进，直到提出全新的见解。这需要一个漫长的过程。

创新的确很难，很多时候我们缺乏创新。但是，有部分同学往往会陷入一个误区，那就是过度追求创新，或者为了创新而创新。这是不对的。创新不是天马行空，而是需要建立在传承的基础上，是对既有研究的拓展。创新的目的是更好地为人类社会创造价值。因此，创造价值才是目的，创新只是手段。

九、选题的现实性原则

现实性原则很好理解，是说我们的选题既要"务虚"，又要"务实"。换句话说，对于理论研究，其理论也是从现实问题出发而抽象出的理论。对于实证研究，选题则必须根植于现实，并对现实产生指导作用。具体来讲，我们需要关注当前社会、经济、商业、政治等实践领域的问题和需求；关注政策制定和实施过程中的问题和挑战；关注学术界某一领域的重点和热点，等等。

十、选题的前瞻性原则

与现实性原则相对，前瞻性原则是指选题要立足学术前沿，或者是当前社会各界共同关注但又没有得到妥善解决的问题。当然，同学们要对学术前沿有正确的理解。一些经典的研究话题，如果有新的发展方向，也可以成为学术前沿。比如交叉学科的融合、新方法和新技术应用于解决经典问题等。另外，选题要对未来趋势有所判断，这也是前瞻性原则的体现。比如，利用人工智能等技术来增加会计信息的可靠性，这可能是一个未来趋势，这样的选题就符合前瞻性。需要注意的是，前瞻性与创新性是不同的。创新性更强调从无到有的创造过程；而前瞻性指的是研究话题的时代性。

十一、选题的趣味性原则

对于趣味性原则，大家要正确理解。学术论文可能并不像科幻小说那样趣味横生，但是，学术论文的研究话题以及写作风格也可以引人入胜和扣人心弦。这就是学术写作的趣味性。

要使得最后的论文达到引人入胜和扣人心弦的效果，一方面，论文选题一定是你自己感兴趣的话题。如果你自己不感兴趣，被迫去做一项研究，被迫去写一篇论文，那么，整个过程将会非常痛苦，也会影响你的真实水平。只有你感兴趣，你才会有足够的动力去把这项研究的各个部分做到位，并且把论文做得有趣。另一方面，选题一定要能引起读者的兴趣。因为写论文的最终目的是与读者进行沟通，向读者传达一定的信息。因此，我们的论文从选题开始就要考虑读者群体的感受。

那么，我们该如何激发读者的兴趣呢？首先，在明确我们的读者群体是谁的前提下，我们选择的研究问题一定要是这些读者最关心的问题，最好与他们的利益息息相关，或者能够帮助他们解决一个长期以来悬而未决的问题。其次，同学们还记得我们之前讲过的"桃花源"吗？一个引人入胜的问题可能看上去不可思议，甚至有些匪夷所思，但在仔细琢磨之下它又是非常合理的。最后，我们在选题的时候要考虑这个题目在研究的时候有没有可能产生"张力"。也就是说，这个问题的答案并不是很直白，要说清楚这个问题并不容易，而是需要我们从多个方面提供证据。或者这个问题本身就是有争议的，它的支持方和反对方本身就构成"张力"。这时候，如果我们能够提供有力的证据证明它的结论，那这个选题也是很有意思的选题。关于"张力"的问题，我们在第四章中还会详细阐述。

十二、选题的可行性原则

有的同学心中可能有无数个非常有趣的想法，这非常好！但是，你还要考虑一个问题，那就是，并不是所有有趣的想法都能被转化成一篇论文。有许多因素可能会制约论文的进展，比如我们的知识储备，我们的研究能力，相关数据的可获得性和采集难度，以及研究所需花费的时间成本和经济成本等。尤其是当我们做案例研究的时候，从一个或多个案例公司搜集高质量的数据并不是一件容易的事。首先，我们需要进行周密的研究设计，制订详细的数据收集计划。其次，在很多时候我们需要对案例公司进行好几轮调研和访谈。这些工作都十分耗费时间和精力。因此，当你有了有趣的想法之后，别忘了从以上几个方面及时做一个可行性评估。否则，如果等到工作进行了一大半才发现这个项目做不下去，那成本就很高了。

第四节　选题来源

讲完了选题的原则，我们再来谈一谈好的选题可以从哪里来。一般来讲，我们可以通过阅读文献、参加会议、与他人交流、重新审视专业课堂、接触现实世界，以及观察和反思生活等方式来找到合适的选题。

一、文献阅读

文献是我们最为重要的选题来源之一。很多时候，即使你的灵感不是直接来源于文献，你也必须从文献中去找出一些能够证明你选题价值和可行性的证据。因此，一个合格的选题，几乎离不开文献阅读。

（一）助力选题的文献——类别角度

文献的种类有很多，而且其作用各有不同。那么，哪类文献适合用来帮我们找选题呢？首先就是综述类文献。因为这类文献是对某个领域相关研究的概览，我们只要通过阅读几篇为数不多的文献，就可以很快对某个领域或者某个话题的来龙去脉有个大致的了解，并且可以快速判断现在在这个领域可以做的新话题是什么，从而有效帮助我们选择合适的题目。同时，因为这样的阅读方式几乎不涉及任何技术细节，我们只需要关注话题本身，所以其对初学者十分友好。这里列出了几篇典型的综述类文献，大家可以浏览一下，看看综述类文章的特点。同时，大家可以根据自己的研究兴趣阅读与该领域或者该话题相关的综述类文献，看看有什么研究缺口可供补充。

ARMSTRONG S C, GUAY R W, WEBER P J, 2010. The role of information and financial reporting in corporate governance and debt contracting［J］. Journal of Accounting and Economics, 50（2-3）L 179-234.

BEYER A, COHEN A D, LYS Z T, et al., 2010. The financial reporting environment：Review of the recent literature［J］. Journal of Accounting and Economics, 50（2）：296-343.

DECHOW P, GE W, SCHRAND C, 2010. Understanding earnings quality：a review of the proxies, their determinants and their consequences［J］. Journal of Accounting and Economics, 50（2）：344-401.

GILLAN L S, 2006. Recent developments in corporate governance：an overview［J］. Journal of Corporate Finance, 12（3）：381-402.

GLAESER S, LANG M, 2024. Measuring innovation and navigating its unique information issues：a review of the accounting literature on innovation［J］. Journal of Accounting and Economics, 78（2-3）：101720.

JIANG F, KIM A K, 2020. Corporate governance in China：a survey［J］. Review of Finance, 24（4）：733-772.

其次，同学们也可以去阅读相关文献或者专著中的文献综述部分。这类一般文献的文献综述部分，尽管不像综述类文献那样全面系统，但仍然是对某个话题的相关文献较为全面的梳理。特别是对于某些比较新的领域，当还没有综述类文献可供阅读的时候，一般文献的文献综述部分就成为我们更常见的选择。

当然，除此之外，我们也可以变被动为主动，自己去整理文献，也就是自行阅读某一领域的主要论文并对这些文献进行综述，然后发现其中可能的选题。关于如何整理、阅读和综述文献，我们在下一章会详细讲述。这里我们仅就论文选题给大家一些建议。同学们在选择文献的时候要多读好的期刊，比如 SSCI 或 CSSCI 期刊列表中排名比较靠前的期刊。好的期刊能够保证文章质量，因而也能提高我们发现选题的效率。在此基础上，尤其要重点关注其中的两类文献：一类是高被引文献。这类文献在相关领域活跃度很高，对相关话题的贡献很大，非常有助于理清相关议题的理论脉络，很好地代表了选题的传承性。另一类是最新的文献。这类文献代表了学科前沿，很好地体现了选题的创新性和前瞻性。

此外，如果大家时间足够，也可以适当阅读一些补充性的材料，其对于选题也许会有意想不到的效果。首先，我们可以阅读一些领域内的杂志。不同于关注理论脉络和学术创新的文献，这类杂志重点关注实务发展和政策解读，可以从实践层面帮我们找到更有意思或者更贴近现实的选题，尤其对案例研究更为有用。其次，我们可以读一些领域内的专著。我们平时阅读的文献往往只针对一个具体的话题展开讨论，对于知识的组织更为零散，系统性较差；而专著的议题一般来说比文献的话题更为宽阔，其对问题的论证也更为系统和全面，因而更有助于我们准确把握研究脉络。再次，我们也可以阅读一些其他社会科学领域的期刊和著作，比如社会学、心理学、语言学等。这些领域的著作能够帮助我们横向拓展选题，从而增加选题的潜在深度、研究价值以及创新性。最后，我们还可以尝试读一些自然科学领域的著作，比如医学、生理学、生物学等。这些领域听上去与我们相去甚远，但其实可能与我们的研究息息相关。比如，当我们研究投资者或企业管理者的心理特质等因素如何影响其决策行为时，我们可能会用到脑科学或者生理学领域的一些理论。这是因为，人的心理活动的变化是由大脑活动或激素水平的改变来驱动的。那么，从这些角度去解释投资者或管理者的决策问题，可能会得到全新的答案。

（二）助力选题的文献——内容角度

以上我们从文献的类别方面讲述了可能有助于大家选题的文献。接下来，我们换个角度，从文献的内容出发，来谈一谈哪些文献可能会为我们的选题提供新的探索空间。

第一，有新提法或假说但是暂时还没有形成理论的文献。这类文章很具有前瞻性，它们的议题大都体现了学者对于相关学科发展趋势的预判。但是，对这类文章的研究进行理论性的拓展，对大家的理论基础以及数理功底要求很高；而且，需要大家对文章提出的新提法或者假说具有较强的鉴别力与判断力。比如区块链技术对会计和审计的影响。区块链技术被认为有可能彻底改变会计和审计领域，提供更高的透明度和安全性。然而，目前关于区块链如何实际应用于财务报告、审计程序以及如何处理隐私和合规性问题的理论尚未完全成熟。学者们正在探索如何制定适应区块链的会计标准和审计方法。再如，数据隐私和财务报表分析。随着大数据和人工智能在财务分析中的应用的日益广泛，数据隐私和安全问题引发了关注。如何在利用大数据和人工智能提高财务决策准确性的同时，保护个人和企业的敏感信息，仍然是一个尚未解决的挑战。这一领域需要建立新的隐私保护理论和数据管理框架。

第二，对某类问题现有的研究说法很多，且存在相互矛盾的文献。这类文献较为常见，这是因为很多问题都没有定论，并且不同的理论分析框架、不同的研究背景、不同的样本、不同的研究方法甚至不同的变量度量方式，都会导致对同一个研究问题得出不同结论。但是，这类文献也相对容易拓展。我们可以总结该问题未形成统一结论的原因，然后提出自己独特的改进方法。比如，会计准则的国际趋同与财务报告质量的关系。关于国际财务报告准则（IFRS）的采用是否提高了财务报告质量，学术界存在不同观点。一部分研究认为，采用 IFRS 可以提高财务报告的可比性和透明度，从而提升报告质量。但另一些研究指出，不同国家的法律环境、经济背景和文化差异可能限制了 IFRS 的有效实施，导致财务报告质量未必显著改善。此外，国有持股比例与企业绩效的关系，以及企业社会责任承担与企业经济绩效的关系等问题，都属于这样的范畴。

第三，理论成形，但还没有应用或者没有得到实证检验的文献。对于这类文献的拓展也相对容易。因为已经有学者帮你把理论开发好了，你需要做的就是找一个合适的实证场景去验证这个理论，这将会是一个很好的研究机会。一方面，我们通常可以用档案式研究、案例研究或实验研究等方法来验证新的理论。比如，情感会计理论（affective accounting theory）认为，管理者和会计人员的情感和情绪会影响会计决策，例如在估值、损失确认和风险评估等方面。尽管这一理论为理解会计决策中的行为偏差提供了新的视角，但在实证层面，如何通过案例研究或实证研究验证情感在实际会计决策中所起的作用尚未得到广泛探索。再如，审计文化理论（audit culture theory）提出，审计文化对审计师行为和审计质量有深远影响。尽管理论上已经认识到审计文化的作用，但如何在实证上测量和验证文化对审计师行为和审计质量的具体影响，仍然是一个开放的研究领域。另一方面，我们也可以用不同方法去验证同一理论，以拓展理论的应用边界，增强对该理论的理解，同时发现一些新的结论。比如，已有研究发现企业 ESG 评级分歧会影响分析师盈余预测的准确

23

性。我们可以验证该结论在实验室的某些条件下是否成立，也可以检验该结论在某个案例中是否呈现不同结果，等等。当然，我们还可以审视现有理论，并对其进行批判。

第四，存在不足和问题的文章，你自己有解决这些问题的新想法。这就需要大家有比较强的批判性思维和敏锐的洞察力，去发现已有研究在理论、逻辑、方法等方面所存在的缺陷，进而用自己的方式去克服。

第五，研究场景引申。这是一种将已有的理论和研究成果应用到不同情境或背景中，以通过已有成果的逻辑来发现和解释新的问题的方法。这种方法的核心是通过识别和分析新场景与原始研究场景之间的相似性，将现有的理论框架迁移到新情境中去。例如，在家庭金融行为研究中，研究者发现个人收入水平显著影响其消费模式，那么这一逻辑可以引申至企业金融行为领域，研究企业的盈利能力是否同样影响其投资决策。研究者通过研究场景引申，不仅能够验证理论的普适性，揭示原有理论在新情境中所特有的影响因素或中介变量，进一步拓宽理论的适用范围，而且有助于拓展新的研究领域，发现和解决新的研究问题。

第六，研究对象拓展。我们可以通过已知关系之间的逻辑链条推导新的研究方向。具体而言，这种方法是利用现有的两个或多个研究对象之间已验证的关系，推导出一个新的对象或变量之间的关系。简单来说，就是从已知的 A 影响 B，B 影响 C，推出 A 可能影响 C。例如，已有研究表明经济增加值（EVA）考核可以提高企业的投资效率，而另一些研究显示投资效率的提升会增加公司价值，那么我们就可以合理推断 EVA 考核可以提升公司价值。通过这种方式，我们可以建立新的假设框架，找到新的研究问题，并在实证研究中进行检验。这种方法不仅能够深化对现有关系的理解，还能揭示更为复杂的交互关系，从而推动理论的发展和完善。

二、参加会议

选题来源的第二个方面是参加会议。需要说明的是，我们这里提到的会议，是个很宽泛的概念，包括学术会议、讲座、研讨会、午餐会、论坛等各类正式或非正式的会议。但不论形式如何，重要的是我们要在会上听取主讲人汇报自己最新的工作论文。这些工作论文由于尚未正式发表，因而大多都是最前沿的研究成果和学术观点，从而有助于我们了解相关领域的前沿话题和最新研究动向。同时，通过听取现场点评人的评论及观众的提问，可以了解不同专家对同一问题的不同见解和看法，有助于开阔思路，形成新的想法。

为了更好地吸收在各种会议上所听到的学术观点，建议同学们在参加任何会议之前，做好充分的准备。具体来讲，首先要了解主讲人的研究方向，看是否与自己的研究方向相契合。同时，尽量提前阅读主讲人所提供的报告论文或摘要，熟悉所要报告的内容。这样，在实际听讲的时候就可以更有针对性。最好能针对该文章提出几个问题，然后带着问题去听，这样收获会更大。会后，尽量争取与主讲人互动。这样做的好处在于，你在阅读和听讲过程中的所思所想，通过与作者面对面沟通，可以得到进一步印证或者纠正，从而更有利于你理解和消化报告的内容。同时，在这种信息交换和讨论中，思想火花的碰撞也非常有利于找到新的高质量选题。

还有一个建议，就是在参加会议时，大家应努力推销自己的研究，这样会给潜在的论文评审专家留下深刻的印象，同时为你的研究话题"打广告"，提升你研究的知名度和影响力。常见的推介方式有研究海报（research poster）和电梯推介（elevator pitch）。研究海报在一般的学术会议中都很常见。一般来说，作者把自己的研究通过图表的形式展示在一张海报上，供来往的"看客"，也就是参会的学者来参观。这就要求你的海报制作一定要简洁明快，不能有冗长的、不必要的文字，尽量把核心观点以最直观的形式展示出来，让人一目了然。另外，电梯推介也是一种非常常见而且重要的推介形式。你要事先把自己的研究进行高度浓缩，提炼最核心的部分，浓缩到假如你在电梯里碰到一个领域内的知名学者，从碰到他开始到他离开电梯的时间内，要把自己的研究内容跟他讲清楚。这不仅是一种很有效地向别人介绍自己的研究的方法，也能很好地锻炼同学们概括提炼自己论文的能力。所以，如果你能在学术会议上运用上面两种方法去向其他学者介绍你的研究，那你们的沟通效率就会大大提高，也就更有利于与别人深入讨论你的选题。

三、与他人交流

好的选题也可以源于与导师、同门、同学以及比赛队友等的交流。

首先，我们可以与导师交流。导师是经验丰富的研究者。因此，当我们有选题想法的时候，不妨多与导师进行沟通。如果你的选题方向与导师的研究方向比较吻合，导师可能会给你提供更多有针对性的建议，从而帮助你尽快找到切实可行的选题，避免在选题的过程中走弯路。当然，如果你的选题与导师的研究方向不太吻合，也要积极与导师保持沟通。因为导师一般具有丰富的研究经验，在他的学科领域内有较长时期的积累。尽管你感兴趣的方向可能不是导师擅长的研究领域，但是导师往往很了解如何开展研究工作，因此会给出许多建设性意见，从而帮助你匡正选题的方向，最大程度地保证选题的合理性与科学性。同时，在和导师讨论问题的过程中，你能够感受到思想火花碰撞的愉悦，这本身就是一个很享受的过程。而且，和导师保持一定频率的沟通还能有效避免闭门造车，及时发现自己选题中存在的各种问题，及时止损，从而最大限度地降低选题成本。总之，无论在什么情况下，与导师保持积极沟通，对选题的确定都至关重要。

其次，除导师之外，我们的同辈也是非常值得关注的选题来源。首先，我们可以与同门交流选题。很多时候，我们和同门由于在同一个导师的课题组，因此会有相似的研究兴趣和研究方向。与他们讨论选题，相关性更强，效率也会更高。我们可以直接向他们询问项目的研究进展，获得项目的第一手资料，从而节约前期调研成本；同时，也可以向他们讨教关于开展本项目的有针对性的科研的经验，从而少走弯路。此外，我们还可以和同门通力合作，共同努力推动项目向前发展，比如获取和共享数据、文献等资源，从而实现共赢。

再次，我们可以和同班同学交流选题。由于相处时间更多，彼此更加熟悉，你的同学可能比其他人更了解你的性格和喜好，从而能够提出更有针对性、更适合你的选题建议。而且，你和同学之间平等的讨论有助于促进彼此思考，更有利于产生好的想法。此外，由于大家都面临同样的选题过程，在互相交流的过程中你也可以借鉴对方犯过的错误，及时避开对方踩过的坑，从而提高效率。

最后，我们还可以和曾经一起战斗过的比赛队友讨论选题。一方面，你们共同的作战经历会让你们以战友的视角来思考问题，从而使得讨论更加顺畅；另一方面，比赛队友往往来自不同专业，多样化的专业背景更容易产生跨学科研究的灵感，从而有助于提高你选题的新颖程度。

四、专业课堂

选题来源的第四个可能是我们的专业课堂。这一点其实是被很多同学忽略的。许多同学会把专业课的学习与论文写作截然分开，对专业知识"看山是山，看水是水"，没有很好地把专业课上的资源运用到论文写作中，这其实是非常可惜的。其实，我们至少可以从以下三个方面着手，把专业课上的所得运用到论文写作中。

首先，我们可以对在专业课堂上所学的知识做进一步的延伸。这就需要我们仔细分析课程教材和讲义，寻找其中所涉及的研究领域和热点问题，这些内容很有可能启发你的论文选题。举个例子，比如大家在会计准则研究这门课程上学习了各项会计准则的具体内容，那么，如何把它们转化为可以拓展的研究方向呢？我们可以思考特定会计准则的应用对企业会产生哪些经济后果。从这个思路出发，就有很多可以挖掘的方向。我们还可以研究会计准则变迁背后的一系列逻辑，探索会计准则在不同行业的适用性，以及对比不同国家和地区会计准则的差异以及差异产生的原因，等等。

其次，我们可以对专业课的课堂讨论做进一步的思考。课堂讨论的问题本身就是专业课老师为了让学生从各个视角理解某个问题而精心设计的，因而具有很强的逻辑性和针对性。而且，这些题目一般都没有准确答案，而是一些富有争议、有很大讨论空间的议题，因此对同学们来说，有很大的发挥空间。然而，很多同学只是把它当作一次普通的作业，完成之后就再也不去碰它了。其实，如果我们深入思考这些讨论题，也很容易发现值得继续研究的重要问题。

最后，我们可以对专业课上的课程案例做进一步的调查分析。与课堂讨论题目类似，课程案例也是契合某个话题或知识点的非常典型的现实例子。但是，由于出现在教材中，这个案例所呈现出的问题可能是标准化的，但其实这个案例所代表的问题可能还没有被很好地开发。因此，我们若对课堂上这些现成的案例做进一步的调查与分析，就可能会得到更有意思的结论。

五、现实世界

现实世界也是选题的重要来源之一。我们前面讲到了选题的有用性原则和现实性原则，提到学术研究要为解决现实问题服务。所以，观察现实世界中实际存在的现象和问题，也能给我们很好的选题启示。而且，观察现实世界发现的问题远比在阅读文献中发现的问题更加直接，时效性也更强。那么，我们可以通过哪些途径来观察现实世界呢？主要有参阅新闻报道和学习重要政策。我们与现实世界的互动还可以变得更加个性化。这就要求我们不仅要去观察，更要去亲自体验。所以，同学们应多深入社会、深入企业去进行实地考察。通过这种方式得到的研究结果往往是最有价值的，研究者也是最有成就感的。

对于从现实世界中去找选题，有一个常见的问题，那就是选题该不该追逐当前的时事热点与政策难点？我们前面讲到，如果你能够根据公共性原则和前瞻性原则，很好地利用已有理论去解释时事热点背后的一系列逻辑，它们将会是很好的研究机会。否则，如果盲目追求热点，你的选题将会有蹭热度的嫌疑，也不会对当前问题产生积极的影响。我们还需要注意的是，时事热点有可能并不是一个研究领域，而是需要我们去挖掘。比如，有的同学想研究电子支付，对微信、支付宝等电子支付

27

方式很感兴趣。此时，如果其能够去挖掘金融科技相关的金融市场风险管控、电子支付的安全性及隐私保护问题，电子支付与普惠金融，支付方式变迁对资本市场（或中小企业、传统银行业）和产品市场（或消费者行为）的影响，金融科技背后一系列商业模式的变迁，跨境电子支付的机遇与挑战，由此引发的监管问题以及相关法律法规的变迁等，就会发现很多有意思的研究问题。

六、对生活的观察与反思

好的选题还可能源于我们对生活的观察和反思。我们之前讲过论文选题的经验性原则，说的是研究者个性化的经历和体验往往会帮助他发现一些更有价值的研究问题。其实，我们自己独特的生活体验本身就是一个极富个性化且非常有价值的论文题库。我们所接触过的案例、事件、问题、故事，都是独特的，有价值的，都有可能变成潜在的科学问题。因此，首先，我们要不断丰富生活体验，并且在这个过程中认真观察周边的人事物。对观察到的现象多问为什么，说不定，好选题就在你身边。其次，我们也可以通过反思自己的生活来找到选题。这是因为，研究问题的本质就是寻找差异，而个性化的体验和独立的思考能够帮助我们更容易地发现差异。因此，同学们可以尝试问自己这样两个问题：为什么我比别人过得好？为什么别人比我过得好？并尝试把你的答案带入你的研究对象中。你或许会惊喜地发现，原来优秀的选题就在身边。

七、自己最浓厚的兴趣

你一定想不到，将个人兴趣与自己的专业领域相结合，可以创造出许多新颖且有趣的研究课题。假如你的专业是财务与会计，请你想一想，能否把你内心最有激情、最感兴趣的领域或者话题与你的专业链接起来呢？

比如，如果你喜欢体育，你可以研究体育俱乐部或者赛事组织机构的财务管理策略、体育赛事的财务规划与预算控制、赞助与广告收入的运营管理；你也可以探究运动员薪酬管理和财务激励机制的设计，研究如何构建合理的薪酬结构，确保既能激励运动员发挥出最佳表现，又能保持俱乐部的财务稳定。

如果你喜欢语言，你可以研究不同语言背景对财务沟通和信息披露的影响。例如，在跨国公司中，母语为不同语言的财务人员和管理层在沟通财务信息时可能遇到的挑战，或不同语言的财务报告在投资者决策中产生的影响。你也可以研究会计和财务语言的简化和标准化对全球企业财务报告的一致性和可比性的影响，探讨财务术语和报告结构的语言学分析如何帮助非财务背景的读者理解复杂的财务信息。

如果你喜欢心理学，你可以结合心理学理论研究投资者的行为偏差（如过度自信、从众心理）对投资决策的影响；通过分析这些行为偏差，了解它们如何导致投资者在市场波动中做出非理性的决策，以及这些偏差对整体市场稳定性的潜在影响。你也可以探讨不同的心理因素（如风险规避、损失厌恶、情绪波动）如何影响个人投资者的风险偏好、资产选择以及投资组合管理策略。例如，研究焦虑或乐观情绪如何在牛市或熊市中改变投资者的行为，或如何通过心理干预方法来提高投资决策的质量，减少行为偏差带来的负面影响。

如果你是一名环保爱好者，你可以研究企业如何将环境因素纳入财务决策和报告中，例如通过整合环境、社会和治理（ESG）标准来提升企业信息透明度和可持续发展。你也可以探索环境会计的具体应用，如碳足迹成本核算，帮助企业量化和管理其与碳排放相关的成本与效益。你还可以进行环保投资的回报分析，分析绿色技术投资的长期经济效益，以及这些投资如何改善企业的市场竞争力和品牌形象。环境政策对企业财务表现的影响同样值得关注，例如研究环保法规如何影响企业的成本结构、盈利能力和财务战略调整等。

如果你喜欢物理，你可以利用随机游走模型和布朗运动理论来分析股票价格的波动，模拟股票价格随时间的变化路径，研究市场如何在短期内出现无序波动，同时在长期内呈现出一种明确的走向或趋势。你也可以应用混沌理论来解释金融市场的复杂动态行为，通过识别市场中的非线性关系和敏感依赖性，探索如何在随机的市场行为中发现隐藏的模式和规律。你还可以研究金融市场中的自相似性和分形结构，揭示不同时间尺度下市场波动的规律性，为投资者和风险管理者提供更精确的预测和分析。

……

将兴趣爱好与自己的专业领域相结合，不仅能够提升研究的独特性和创新性，还能让我们在探索过程中保持热情和动力。同时，跨学科的视角可能带来意想不到的见解，丰富研究内容，并开辟新的研究方向。

用一首诗来描绘梦想与专业：

回忆自己曾经的梦想

重温内心深处最想做的事

翻翻你的专业课书籍

联想、联想、联想

或许

你的梦想和你的专业之间

有着最奇妙的链接

此外，论文的选题来源还有很多，大家可以打开脑洞，去探索更多的选题来源。

总而言之，学术论文的选题，也符合理论学习的特点和一般规律。因此，"学、思、践、悟"四个字，是对论文选题最好的总结。论文选题的过程，也就是不断学习、思考、实践和感悟的过程。

第五节　确定选题的步骤

讲完了论文选题可能的来源，我们接下来看看如何确定你的选题。好的选题是可遇而不可求的，确定选题的过程无疑是各种机缘巧合的叠加，常常伴随复杂的心路历程。在这里，我想首先借用王国维先生治学的三种境界来比喻选题的过程。同学们可以读一读这些句子，用心去感受一下这个过程。

昨夜西风凋碧树，独上高楼，望尽天涯路。

衣带渐宽终不悔，为伊消得人憔悴。

众里寻他千百度，蓦然回首，那人却在灯火阑珊处。

其实，选题的过程就像是一个漏斗，是一个从大到小逐渐变化的过程。具体来说，我们一般先确定研究领域，比如学科门类。然后，在该领域中选择一个合适的主题。最后，在该主题的框架之下提炼一个具体的研究问题。如果你通过以上途径，在脑海中形成了潜在的选题，那就需要马上把它确定下来。

确定选题也是需要进行一定的工作的。具体来讲，首先你需要非常清楚地掌握与你这个选题相关的研究进展。最重要的就是通过文献阅读了解现有研究已经进行到了哪个阶段，还有哪些工作可以做。如果你是在导师的课题组里面，那你要去关注课题组成员的工作进展、研究重点和研究难点，在此基础上进行深入挖掘。

然后，你需要设计选题思路。在设计选题思路时，首先你可以"自我沟通"。也就是说，给定一个题目，你在不参考任何资料的情况下写出这个问题的研究思路。这个过程一定要独立思考。其次，你可以带着自己的"思维成果"去和导师以及其他课题组成员交流，看看大家的想法。在这个过程中，你可以对比自己和他人的想法, 从而看到自己的问题并及时修改。接下来, 如果没有太大问题, 你需要客观评估研究问题的可行性, 比如预期工作量、数据获取难度等。

设计好可行的思路以后, 你接下来可以进行模拟实证, 大致了解数据的结果是否与自己的预期相符。如果相差很大, 你就需要重新审视选题的合理性了。

完成上述步骤后, 你就可以基本确定选题, 并开始着手推进论文写作的下一步了。

第三章
"菜谱"：文献检索、管理与研读

第一节　为什么要读文献

要完成一篇论文，我们必须要多阅读文献。然而，许多同学提到文献阅读就发怵。其实，如果我们对文献阅读建立起正确的认识，那么它将是一件非常愉快的事情。请同学们思考一下，我们为什么要阅读文献呢？

文献对于本科生来说，可能相对陌生。但它却是硕博研究生最重要的知识来源之一。研究生与本科生的最大区别，就是获取知识的方式不同。本科生利用标准化的教材学习和吸收系统性的知识，而研究生则是从无组织的文献中来检索、筛选和组织知识。因此，文献是研究生阶段不可或缺的精神食粮。

文献阅读对我们来说有什么现实意义呢？我们在上一章讲过，文献阅读是我们论文选题的重要来源，可以帮我们获取选题的灵感，发现新的研究问题和研究方向。同时，阅读文献可以帮助我们了解已有的研究成果，避免重复已有的研究，从而节省资源。文献阅读也可以帮助我们梳理本学科发展的历史脉络与最新前沿，起到传承接续和启迪创新的作用，加深我们对学科的理解，同时保持对学科知识的更新。我们还可以通过阅读文献来了解不同学者的观点，从而拓宽自己的学术视野，了解不同学科之间的交叉与融合，并培养批判性思考和分析的能力。同时，文献可以为我们提供支持文章论证的充足论据，从而提高研究的可信度和说服力以及研究的质量。另外，好的文献其实也是十分优质的教材，我们可以从中学习规范的研究方法以及优良的写作手法，从而进一步完善我们的研究。所以，文献阅读作用很多，是我们在论文写作中必不可少的环节。

第二节 文献有哪些类型

文献既然如此重要，那我们就先来好好认识一下它。"文献"其实是一个含义很广的概念。而且，文献的分类方式也有很多种。按照文献对信息加工的不同程度，我们可以把它们分为零次文献、一次文献、二次文献和三次文献。

零次文献，是记录在非正规载体上的、未经任何加工处理的原始信息，这是一种零星的、分散的和无规则的信息。它们的特点是时效性强、大量而无序。其包括口头信息以及未公开发表的文字资料，如手稿、书信、日记、笔记、实验记录、会议纪要等。

一次文献是人们直接以自己的生产、科研、社会活动等实践经验为依据生产出来的文献，也常被称为原始文献（或一级文献），比如图书、期刊论文、专利文献、科技报告、学位论文、会议录、政府出版物、档案等。其所记载的知识和信息比较新颖、具体、详尽，具有创新性、实用性和学术性等明显特征。

二次文献是对无序的一次文献的外部特征，如题名、作者、出处等进行著录，或将其内容压缩成简介、提要或文摘，并按照一定的学科或专业加以有序化而形成的文献形式。它们能比较全面、系统地反映某个学科、专业或专题在一定时空范围内的文献线索，是积累、报道和检索文献资料的有效手段。常见的二次文献有目录、题录、索引、文摘等索引工具。

三次文献是在一、二次文献的基础上，经过综合、分析、研究而编写出来的文献，我们常把这类文献称为"情报研究"的成果。常见的三次文献有综述、评论、评述、动态报告等。

请同学们注意，文献的种类是纷繁复杂的。因此，请大家在收集文献的过程中，不要只专注于一次文献，而应该全面关注我们上面所提到的所有类型的文献。

第三节 查找文献的途径

了解了文献类型后，大家可能会好奇如何着手查找文献。一个重要的方式是利用学校图书馆的数据库进行查询。这些数据库如 CNKI、Elsevier、Wiley、EBSCO、

JSTOR、Springer 等，是学术研究中查阅和获取文献的最常用和最可靠的资源之一。这些平台提供了丰富的学术期刊、会议论文、学位论文等多种文献资源，可以满足大多数学术研究的需求。

需要注意的是，有一个经常被同学们忽略的有效查找文献的方法，那就是经典文献或最新文献中的参考文献列表。这些参考文献往往经过作者的精心筛选，具有很强的针对性和权威性，尤其是综述类文章的参考文献列表，可以帮助研究者快速定位相关领域的重要研究成果和权威资料。

此外，在日常生活中，也有很多常见的文献检索资源值得关注。例如，财经类报纸杂志和行业、企业分析报告可以提供最新的市场动态和行业信息。手稿、书信、日记、笔记、实验记录、会议纪要等零次文献载体，记录了原始的、未公开的研究数据和信息。图书、科研报告等一次文献载体也非常重要，提供了系统、深入的研究成果。此外，一些有趣的网络平台和公众号也可能成为有价值的文献来源，为研究提供灵感和新的视角。

第四节　文献检索的方式

针对这些文献载体，我们应该如何有效而全面地找到我们所需的文献呢？传统上，我们使用关键词检索，也就是针对一个特定的研究话题，提取出关键词，然后去相关文献平台或搜索引擎检索该关键词，从而找到包含该词的文献。但是，这种方式有可能造成漏检，导致我们错过重要文献，而且不利于我们厘清楚文献之间的关系以及该话题的发展脉络。

在这里，推荐同学们采用从经典文献出发来查找文献的方式。具体来讲，我们在选定一个话题后，可以找一篇关于该话题的最经典的文献。然后，以这篇文献作为出发点，从三个方向去查找文献。

第一，查找这篇文章的参考文献，也就是查找它引用了哪些文献。这些引用文献通常是该领域中的经典或基础性研究成果，奠定了这篇经典文献的理论基础。通过系统地阅读这些参考文献，我们可以理解原作者的研究逻辑和思路，追溯其研究问题的来源，了解其研究框架的构建过程。同时，这些参考文献往往能够揭示该研究领域的核心概念、关键理论和主要争议点，从而帮助我们厘清该话题的发展脉络，进而找到现有文献中尚未被充分探讨的空白点，为未来研究提供方向。这个文献检索策略能够使文献的查找越来越深入。

第二，查找这篇文章的施引文献，也就是后来哪些文献引用了这篇经典文献。这类施引文献数量的多少可以反映源文献的理论影响力和学术价值。分析施引文献有助于了解学术界如何从不同角度进一步发展和应用这篇经典文献中的理论和方法。这些施引文献可以揭示出该领域的最新研究趋势、热点话题以及学术争议，使研究者能够及时掌握学术前沿动态，避免在选题时与他人重复。同时，通过分析这些施引文献，我们还可以识别出尚未被充分研究的新问题或新视角，从而明确可能的创新方向，提高研究的原创性和学术贡献度。这个文献检索策略能够使文献的查找越来越新颖。

第三，查找这篇文献的其他相关记录。这是指这篇经典文献被其他学术机构、专业组织、新闻媒体等报道、转载、引用、摘录或者转译的情况。这类记录的多寡往往表明了该文献的社会影响力和实践价值。经典文献在不同平台上被广泛引用和讨论，通常表明该文献的研究成果不仅在学术界受到了重视，还对公共政策、行业实践或社会认知产生了实质影响。通过分析这些记录，研究者可以从多元化的视角审视文献的观点和结论，了解文献如何在不同的背景下被应用和解释，从而加深对该话题的全面理解。这种多角度的分析还能帮助研究者发现该文献在现实社会中的具体应用场景，探索将理论研究成果转化为实践应用的可能性，使自己的研究更具实用性和社会价值。这个文献检索策略能够使文献的查找越来越广泛。

经过以上三个方向的查询，相信大家能够对某个话题的来龙去脉有较为全面且深入的了解。

第五节　文献管理

一、文献管理的重要性

我们通过上面所讲的途径来搜索并获取文献以后，应该对所得文献进行妥善的管理。由于我们日常接触的文献数量庞大且种类繁多，如果在你的电脑里杂乱无章地随意堆砌，大家之前所做的工作就会被浪费，而且也不利于后续研究工作的进行和科研成果的产出。

这是因为，如果不对所得文献善加管理的话，我们至少会面临两个问题，那就是二次检索的困难和整理参考文献的艰难。首先，不同来源、不同类型，以及不同格式的文献杂乱无章地存放在电脑里，想找一篇符合条件的文献犹如"大海捞针"，会非常困难。其次，不同的文献载体，比如不同的期刊，对参考文献的引用方式和文献格式要求往往不同，我们整理起来也会非常痛苦。因此，为了提高论文写作的效率，把有限的资源用在重要方面，我们需要对文献进行有效的管理。

二、如何管理文献

那么，我们应该如何对文献进行管理呢？文献管理的方式并不是一成不变的，它发展到今天，已经由最原始的卡片式管理发展到专业化的网络工具管理。相比于之前的文献管理工具，利用专业化的网络工具进行文献管理，不仅管理效率非常高，也非常有利于我们进一步去利用和研读这些文献。

（一）常用文献管理工具

这里为大家列示了一些常用的文献管理软件，它们各有特色，同学们可以在尝试和对比之后，根据自己的学科需求、工作流程和个人偏好选择最适合、最喜欢的工具。

Citavi：它是一款集成文献管理、笔记整理和任务管理功能的软件，特别适合社会科学和人文学科的研究者使用。它在欧洲，尤其是德语国家中被广泛应用。Citavi提供了与 Microsoft Word 和 LaTeX 的集成功能，能够有效支持个人研究项目的组织和管理以及小型团队的协作。

EndNote：它是国际上非常知名的文献管理工具，适用于科学、医学、工程和社会科学等多个学科。它在北美、欧洲和澳大利亚的学术界尤其流行。EndNote 提供了强大的文献管理功能，支持多种格式的文献导入和引用。其也可与 Microsoft Word 等软件集成。

JabRef：它是一款开源的文献管理软件，特别适合使用 LaTeX 写作的学者。JabRef 能够高效管理 BibTeX 格式的文献文件，并与 LaTeX 编辑器无缝集成，提供文献管理、组织和引用功能，是编程和科学研究领域的理想选择。

Mendeley：它是一款由 Elsevier 支持的免费文献管理软件，在技术、工程、医学和社会科学等领域中被广泛使用，尤其在欧美的学术界非常流行。Mendeley 不仅提供文献管理和 PDF 阅读功能，还具有强大的注释、研究网络和学术社交功能。它支持与 Microsoft Word 和 LaTeX 集成，用户可以在不同设备上同步文献库，并通过 Mendeley 社区与其他研究者分享和合作。

NoteExpress：它在中国学术界非常受欢迎，特别适合社会科学和人文科学研究中需要处理大量中文文献的用户。它支持中文和英文文献的管理，提供文献分组、注释和引文管理功能，与 Microsoft Word 无缝集成，是中文学术写作中常用的工具。

RefWorks：它是一种基于云的文献管理软件，被广泛应用于大学和公共图书馆系统中，支持多个学科的研究需求。它在北美洲和欧洲的教育机构中非常流行，提供在线文献组织、共享和引用功能，用户可以在不同设备上访问文献库，并与同事进行在线合作。

Zotero：它是一款开源且免费的文献管理工具，深受人文科学和社会科学研究者的喜爱。Zotero 提供强大的浏览器插件功能，可以直接从网页导入文献，支持文献分类、标签、注释和引文管理。它能够与 Microsoft Word 和 Google Docs 集成，并允许用户共享文献库，适合个人研究和小型团队协作。

Papers：它是一种适合工程、技术、医学和生命科学等领域的文献管理软件，被广泛应用于欧美。Papers 提供文献组织、注释、共享和搜索功能，用户界面直观友好，支持与 LaTeX 和 Microsoft Word 的集成。它能够帮助用户管理和阅读 PDF，自动生成参考文献，提升学术写作效率。

ReadCube Papers：它是 Papers 的升级版本，提供更先进的文献管理功能，如智能搜索、自动文献更新、PDF 阅读和注释。它在科学研究、医学研究、工程和技术领域深受欢迎，尤其在欧美研究机构和大学中被广泛使用。ReadCube Papers 支持云同步、多设备访问，以及个性化推荐，有助于研究者发现相关文献，促进团队协作和共享研究资料。

（二）文献管理——以 Zotero 为例

那么，如何使用这些工具来进行文献管理呢？我们以 Zotero 这一开源且免费的文献管理工具为例来进行说明。

首先，我们可以利用文献管理工具建立自己的电子图书馆。用户可以按照课题或专题建立不同的文件夹，将所有与该主题相关的文献集中管理。Zotero 允许用户存储文献的完整信息，包括 PDF 全文、图片、表格等资料。此外，用户可以直接在 Zotero 中打开 PDF 文献进行阅读，并进行标注、添加注释等编辑操作，且所有修改内容都会自动保存到电子图书馆中。Zotero 还提供了便捷的笔记功能，用户可以在阅读文献时快速记录读书笔记，并将这些笔记与相应文献关联起来。用户还可以为文献或笔记添加标签，以便于将来按主题、关键词或其他分类方式进行快速查找和管理。

其次，收集和管理资料是 Zotero 的另一大优势。用户可以使用 Zotero 的浏览器插件（如 Chrome、Firefox 和 Safari 等）直接从网页中导入文献资料。插件可以识别网页上的文献信息，并自动将其保存到 Zotero 中。用户还可以通过手动导入的方式添加文献，或通过 DOI、ISBN 等标识符快速检索和添加文献。Zotero 支持多种格式的文献导入，如 RIS、BibTeX 等，方便用户将来自不同来源的文献统一管理。Zotero 还提供了文献自动更新功能，可以帮助用户获取文献的最新版本。此外，通过在 Zotero 中注册账户并登录，用户可以实现文献库的云同步，从而在不同设备上访问和管理自己的文献资料，确保数据的安全和一致性。同时，用户还可以共享文献库，与团队成员协作完成文献管理和项目研究。

最后，Zotero 强大的参考文献管理和格式化功能，使得用户可以轻松地在写作过程中插入引用并自动生成参考文献列表。Zotero 提供了与 Microsoft Word、Google Docs 等写作工具的插件集成，用户只需点击几下，就可以在文档中插入文献引用。Zotero 支持多种学术期刊和出版物格式，用户可以根据需要选择和更改参考文献的格式，例如 APA、MLA、Chicago 等。更为有用的是，它还支持定制引文样式，满足不同学术期刊或学位论文的特殊要求。此外，用户可以批量处理参考文献列表，并自动生成和更新文献目录，从而极大地提高学术写作效率。

当然，除此之外，你还可以探索这些文献管理软件的其他功能。

图 3-1 向大家展示了 Zotero 的主界面。左边是目录，我们可以根据需要对某个话题或专题进行细分，从而对文献资料进行多个维度的管理。中间是文献的具体信息，我们可以对需要显示的信息进行勾选，比如文献的标题、作者、期刊、发表年份等。右边是选定文献的具体相关内容，包括文献的基本信息、我们阅读文献时所做的笔记、我们为该文献添加的标签，以及这篇文章的相关文献等。

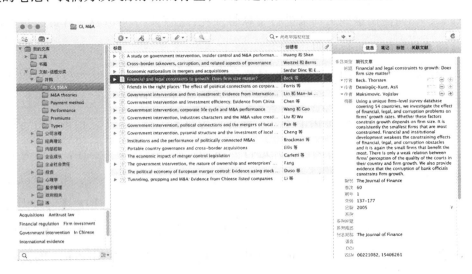

图 3-1　Zotero 主界面

　　其中，信息栏包含了文献的基本信息，这些信息就是我们需要整理到参考文献列表中的。我们可以轻松地通过文献的"电子身份证"将这些信息导入 Zotero 中，而不必手工输入。笔记栏包含了你在阅读文献的过程中所做的各种笔记，可以是对文章主要结论的概述、对文章研究方法的学习、相关重要理论的摘录，或者是我们在阅读时产生的疑问等。标签栏展示的是我们为该文章添加的标签。我们可以从任何维度来添加标签，包括文章的关键词、文章话题所属的领域、文章所采用的方法或者它是不是一篇值得我们多读几遍的文章，等等。最后的关联文献栏展示的是我们为这篇文章添加的相关文献。同样地，我们可以把文献按照领域、话题、方法、引用关系等维度去进行关联，以方便查找。

　　这里简单向大家展示了如何添加参考文献（如图 3-2 所示）。我们可以右击文献，选择"用所选条目创建参考文献表"项目，然后在弹窗中选择你所需要的参考文献样式，并在输出模式中根据需要选择引注或参考文献表，同时选择复制到剪贴板，点击"ok"，就可以把相应内容粘贴到文章当中。当然，我们也可以在文章写作软件中直接添加 Zotero 插件，方便在写作时编辑使用。

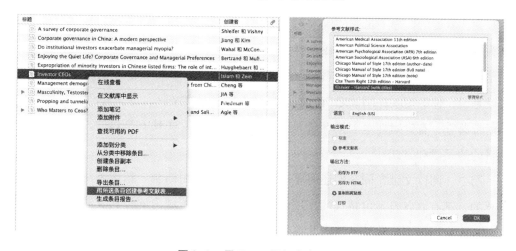

图 3-2　用 Zotero 添加参考文献

第六节　如何阅读文献

　　文献是海量的。即使我们通过设定一系列标准所搜索到的文献也是数量庞大的。而我们的时间和精力有限，不可能读完所有文献，所以一套有效的方法是高效阅读文献的关键。接下来，我们就逐一讲解。

第一，阅读文献要有侧重点和选择性。也就是说，我们一定要首先明确阅读文献的目的，然后有针对性地去阅读文献。我们读文献的目的有很多，比如通过文献阅读来确定论文的选题，或者撰写文献综述，或者学习文献中的研究方法，又或者是学习某些文章的写作技巧等。而这些不同的目的，会贯穿在论文写作的各个阶段。所以，文献并不是读一次就够了，而是要在写作的不同阶段根据不同的目的有针对性地去阅读。

换句话说，对于文献，同学们一定要去主动阅读，是你去读文献，而不是文献读你。这是什么意思呢？有的同学喜欢打印出一堆文献，然后逐一阅读，这就是一种被动阅读。这样做有什么坏处呢？这会让你很快失去兴趣，读着读着你就忘了自己的初心，忘了自己为什么要读。这样就会让你感到十分无聊。由于忘了初心，你就会很沮丧，甚至感到压力！还有的同学喜欢给自己规定任务，强迫自己在一段时间之内必须读完几篇文献，读完以后觉得好像很有成就感！但是，你会发现，这样其实根本达不到你想要的目的，你所读到的内容很快就会被遗忘，你之前的工作也就白费了。那么，应该怎么去阅读呢？我们应该变被动为主动。请同学们记住，文献是为你服务的，你不是它的奴隶。你应该在阅读之前想清楚，我为什么要读。是因为我想看看关于某个话题现在有哪些研究结果？是因为我想知道某个变量在文献中是如何度量的？还是因为我想知道案例研究的方法大家都是怎么用的？诸如此类。也就是说，你一定要在阅读之前，告诉自己为什么要读文献，记住自己的这个初心，然后带着它，有针对性地去读。请大家一定记住，阅读文献不是目的，而是我们达到目的的手段和方式。

第二，阅读文献，同学们还需要注意精读与泛读相结合。精读和泛读都是很有必要的，都有着各自不可替代的作用。需要精读的是领域内的经典文献。对于这类文献，大家可以有针对性地选定几篇，比如某个研究话题相关的经典文献，或者某种研究方法相关的经典文献，或者某种写作风格相关的经典文献，又或者某个作者的一系列经典文献等，对它们进行系统的研读。你可以把它们当作教材一样去学习，读很多遍，反复推敲。而且，我们需要在仔细阅读文章各个部分的时候，标记重点内容，并及时把自己的所思所想、所感所得用笔记的形式记录下来。如果可能的话，我们还可以与导师或同学讨论你所精读的文献，听取他们的意见和观点，这样有助于你拓展思路和加深理解。当然，精读的内容除经典文献之外，还可以是某些文献中你需要重点去学习的部分。

泛读文献也是论文写作必不可少的环节。首先，我们在选题阶段可以通过泛读的方式快速浏览某个领域内的文献，这样可以帮助你在较短的时间内获取大量信息，快速了解该领域的研究话题。此外，在选题敲定以及精读过经典文献之后，我们也可以适度地扩大阅读范围，找到相关的文献。这时候我们可以快速浏览，只关注它们的主要结论即可。最后，我们还要注意，要谨慎地去阅读质量不太高的文献。这就要求大家有足够的辨别能力。对于这类文献，我们最好不要阅读，或者可以作为反面教材来学习。

第三，在阅读每一篇文章的时候，建议同学们按照"标题—摘要—引言/结论—其他"的顺序去阅读，这样可以帮你节省很多时间，提高阅读文献的效率。比如，对于有的文章，我们看到标题，如果不是我们感兴趣的话题，就可以略过，不用再浪费时间去看其他的内容。如果觉得标题可以，那我们再看看摘要，简单了解文章大致的内容，看看是不是我们需要的。如果确实有我们要找的内容，我们可以继续再看看引言和结论，更进一步了解作者全面的构思和完整的结论。其实，通过这样的方式，我们可以更有效地筛选需要我们精读、泛读或者慎读的文献，从而更好地对它们进行分类管理。并且，在读文章每个部分的时候，我们也可以采取"先浏览再阅读"的方式。浏览能快速帮我们提取出文章的"骨架"和论点的脉络，让我们迅速理解全文、文章某个部分或者某个段落的主题，然后有针对性地阅读重要的内容，这样就会事半功倍。

第四，我们阅读，一定不是简单看完就结束。请同学们注意，有效阅读等于"阅览+思考+整理"。也就是说，我们需要带着特定的目的去阅读，看看这篇文章能不能帮我们达到目的。同时，我们在阅读的时候需要对有价值的信息进行标记和整理。这些信息包括文章的显性信息、隐性信息以及你的疑问。显性信息是我们能够直观阅读到的信息。比如，论文的研究问题是什么，作者的观点和结论是什么，文章采用了什么研究方法，有哪些重要的参考文献，等等。隐性信息是我们经过思考以后得到的信息，是具有读者思考附加值的信息，比如作者是如何破题的，文章的逻辑组织是如何逐步推进的，作者如何科学安排文章结构，文章对研究问题的论证是否充分，在这个过程中用到了哪些证据，文章的研究价值如何，有没有兼顾理论价值与实践价值，作者的观点你是否赞同，以及文章的写作是否顺畅，等等。最后，我们还要记录在阅读中的各种疑问，以便后期查阅资料或者与导师讨论。当然，我们要注意，不要把文章中过多的内容记下来，这样就失去了记笔记的意义。记笔记是为了加深对所读文献的理解，并为我们自己的研究提供便利。做完笔记之后，我们可以给笔记贴上（电子）标签，方便以后查找。并且，在论文写作过程中我们都可以随时翻看笔记，以巩固学习成果。再次强调，我们仔细阅读和记笔记的目的是将文献和我们所要开展的研究联系起来，并不是为了简单地对文献进行总结。

第五，请同学们一定要尽量阅读第一手文献。这里所说的第一手文献，和我们前面讲的一次文献、二次文献概念不一样，请大家注意区别。第一手文献指的是你直接读到的文章本身，而不是你在文献中读到的引文。之所以建议同学们阅读第一手文献，是因为很多文章在被引用的过程中会丢失很多信息。文献有时候会被引用者无意识错误引用，比如原作作者姓名、出版时间、文章题目、期刊名称等信息。有时候因为引用者理解上的差异，也可能会造成信息的错误传递，比如曲解原文作者的真实观点等，导致引述后的内容未必是原作者想要表达的内容。因此，我们如果直接引用二手文献，风险会很大。这就要求大家勤于动手，多找第一手文献。尤其是对于需要精读的文章，一定要阅读第一手文献。

第六，我们在阅读文献的时候一定要在学习的基础上进行批判！因为每一篇论文都不是完美的，总会有这样或那样的问题存在。因此，如果我们带着批判的眼光去学习，就会发现很多有意思的问题，这也是很好的学习过程。另外，每一篇论文都有主观的成分在里面，比如写作的风格与用词，文章结构的安排，文章观点的正确性与论证的合理性，以及选题价值等。甚至对于某些相对标准化的内容，如研究方法的选择，变量的定义等，作者也会有自己的主观选择。对于这些可能存在作者主观判断的内容，我们为什么不能有自己独到的见解呢？如果我们能够与导师或同学经常讨论文献中的不足或者可以改进的地方，将会获益良多。因此，大家要通过阅读文献训练自己的批判性思维。

第七，我们在选择文献的时候还要做好中英文文献的平衡。这一点有的同学可能比较抵触，觉得只要阅读中文文献就足够了。没错，中文文献有它们独特的优势。因为中文的文献中有更多有价值的本土化问题，与我们的选题方向更加契合。同时，我们自己的学位论文本身就需要用中文来完成，而阅读中文文献为我们提供了很好的学习中文写作的机会。此外，我们阅读母语写成的文章速度更快、效率更高。但是，英文文献的阅读却也十分有必要。因为英文文献具有更强的国际视野，可以为我们提供很多有价值的国际经验，从而可以帮我们发现很多前沿的、有意思的研究话题。同时，如果同学们有发表英文期刊论文的需求，那通过英文文献来学习英文写作肯定再合适不过了。

第八，在选择文献的时候，还要建议同学们先易后难，逐步深入。不要一开始就拿着艰深晦涩、理解难度大的文献硬啃，这样会很容易导致沮丧和挫败情绪，影响我们做研究的积极性。但是请同学们注意，通俗易懂、言简意赅的文章并不代表它是低级文献，而恰恰体现了作者过硬的写作功力。很多期刊上的文章读起来也是朗朗上口、简单明了的。此外，在阅读文献的过程中，对于读不懂的技术细节，比如复杂的理论模型、陌生的实证方法，或者生僻的英文单词等，在不影响整体理解的前提下我们可以大胆略过，而只关注文章中我们需要关注的内容。请大家记住，读文献要带着明确的目标，并且时刻想着这个目标，才能使文献阅读的效益最大化。

同学们如果碰到非常重要但却实在读不懂的文献应该怎么办呢？这里给大家一些建议。如果实在读不懂，可能是因为这篇文章的难度确实超出了我们的知识水平和理解能力，这时候请不要怀疑自己。我们可以大致了解文章内容，比如这篇文章写了什么主题，用了什么方法，最后得到了什么结论，就可以了。但是，请不要把这些读不懂的文献直接丢弃，建议过一段时间以后回过头再次阅读。这时候，随着自己相关知识的逐步积累和阅读能力的逐步增强，我们对论文内容的理解程度就会显著提高了。

第七节 如何分析文献

我们前面讲到，在阅读文献的时候，我们应该对文献进行思维加工，也就是分析文献。那么，我们应该如何分析文献呢？这里给同学们提出七条建议，也就是同学们可以在分析文献的时候问自己的七个大问题。

第一，论文主要解决的问题是什么？假设是什么？理论依据是什么？这一条建议主要是明确论文的核心研究问题以及相关假设。首先，我们需要判断这篇文章是否符合自己的研究领域，其研究问题是否与我们的研究兴趣或课题相关。其次，我们还要注意作者是如何针对这个问题提出假设的，并考察假设背后的理论依据。理解这些内容有助于我们掌握论文的整体思路，并为自己未来的研究提供参考或启发。

第二，这个问题重要吗？为什么？通过分析问题的重要性，我们可以重新审视论文的选题价值。如果研究的问题对学术界或实际应用有重要影响，那么说明这个问题具有较强的参考价值。我们可以进一步思考作者是如何发现并强调问题的重要性的，这些方法或角度可能为我们的研究选题提供启发。例如，作者可能通过文献综述、数据分析、现实问题等途径发现了关键问题，这些发现问题的过程也能为我们提供选题的思路。

第三，作者是用什么方法来解决这个问题的？这个方法作者用得合理吗？这个研究问题是否得到了充分解决呢？这部分内容需要我们详细分析作者使用的研究方法，如定量分析、定性分析、实验设计、案例研究等。我们要评估这些方法是否适合解决该研究问题，并且考虑其执行过程中的科学性和严谨性；同时，还要判断这些方法是否在文献中得到了有效应用，问题是否得到了充分解决。通过分析这些内容，我们不仅可以借鉴有效的研究方法，还有可能发现存在的改进空间。

第四，作者为什么这样进行研究设计？这涉及研究设计的合理性，包括所用的模型、变量定义、数据收集和分析方法等。分析这些内容时，我们应该思考作者选择这些设计的逻辑和动机，以及这些设计是否有助于回答研究问题。我们还要考虑这些设计中的独特之处或创新点是否具有借鉴意义。例如，作者的变量选择是否精准，模型是否适合该领域的研究，是否有值得借鉴的设计思路等。

第五，论文有什么创新点？创新是学术研究的关键所在。我们可以从多个方面分析论文的创新点，例如在理论贡献上是否提出了新的概念或模型，在实践应用上是否提供了新的解决方案或政策建议，在研究方法上是否采用了新的研究技术或数据分析手段。通过识别这些创新点，我们可以了解当前研究的前沿动态，为自己的研究寻找创新的切入点。

第六，论文的研究缺陷是什么？如何克服？批判性地看待论文，可以帮助我们识别出研究中的不足之处，例如理论与问题的相关性、样本选择的局限性、研究方法的适用性、数据分析的准确性等。找出这些缺陷后，我们应考虑如何解决这些问题，并提出具体的改进建议。这不仅能增强我们自己的批判性思维能力，也能为未来的研究提供宝贵的参考。

第七，承接该话题，下一步应如何研究？我们能否有进一步的拓展？请注意，这一点与第六点不同，它不是寻找论文中的缺陷，而是基于现有研究成果的进一步延伸。在确认该研究问题和假设的合理性之后，我们需要思考能否拓展本研究的范围，提出新的研究问题。例如，如果现有研究讨论了 A 和 B 的关系，我们可以进一步思考是否可以将研究范围扩展到 C，探讨 A、B、C 之间的更广泛的关联。这个思考过程有助于探索新的研究方向和领域，从而促进我们研究的深入和广泛发展。

通过上述七条建议，我们可以系统地分析文献，识别该项研究中的价值、创新点与问题，同时帮助我们找到进一步研究的潜在方向。

第八节　如何整理文献

同学们千辛万苦读完文献，千万不要放置一边，而是要进行及时、适当的整理。这里说的文献整理和前面讲的文献管理是不同的。管理是用文献管理软件对下载的文献进行统一归置。整理是说对文献阅读过程中的心得体会进行总结归纳。那么，我们可以如何整理所读过的文献呢？

首先，一定要使用具有编辑功能的阅读软件，这样可以一边阅读一边记录自己的学习心得，而且可以在电子系统中轻松保存，便于查找，不至于产生很多纸质文件，既环保又高效（如图3-3所示）。

are relatively opaque. In line with our expectations, we find that treatment firms reduce donations and increase other types of CSR spending post mandate. Given the above results, it is reasonable to infer that when forced to spend on CSR, firms may try to "manage" CSR spending as they do in case of taxes (Frank, Lynch, and Rego (2009), Rego and Wilson (2012)). *alternative explanation: increased scrutiny on CSR post-mandate?*
CSR in response to a government mandate potentially enjoys less of a signaling value to stakeholders relative to voluntary CSR. In this context, firms are free to spend more

图3-3　文献编辑

同时，我们也可以借助思维导图把我们所读过的重要文献串联在一起，来帮助我们梳理某个领域的文献发展脉络和某个话题的理论逻辑脉络。具体来说，我们可以制作文献关系图和理论逻辑图。

文献关系图是研究过程中一种非常有效的工具，它通过将特定领域中的重要文献按照一定的逻辑关系串联起来，帮助研究者梳理该领域的文献发展脉络。文献关系图不仅能呈现出某一领域的历史演变和发展趋势，还能揭示关键研究成果之间的相互关系，例如哪篇文献是某一理论的起点，哪些文献对此做了补充和延伸，以及这些研究成果之间的相互引用和影响关系。通过制作文献关系图，我们能够在众多零散的文献中找到关联，从而形成对某一研究领域更为全面和深入的理解。归纳总结所读到的文献，将它们整合成一个系统化的文献关系图，有助于识别研究空白和前沿问题，这不仅可以提高文献综述的质量，也能为进一步的研究提供清晰的思路和方向。

理论逻辑图则是专注于研究话题的理论框架构建。它通过将相关的理论要素按照逻辑关系有序排列，帮助研究者梳理该话题的理论逻辑脉络。制作理论逻辑图时，我们可以先确定核心的理论概念，然后将其他相关概念和理论依据按照一定的逻辑顺序进行排列和整合。这种图示化的方式能够直观地展示不同理论之间的关系，如因果关系、相互影响、互补对立等，使复杂的理论框架变得更加清晰和易于理解。此外，理论逻辑图有助于我们进行假设推演。通过清晰的逻辑关系，我们可以明确各个理论要素的作用机制和作用路径，从而为提出假设提供有力的支持。利用理论逻辑图，我们能够更有效地进行理论分析和构建，确保研究问题的论证过程严谨而有条理。

此外，在整理文献时，我们要善于使用文献管理工具来整理文献信息和笔记。首先，一定要记录清楚文献的题名、出处、作者、发表年度、期卷、页码等信息，这有助于我们今后正确引用这些文献。同时，文献管理工具还能为我们提供标签和关联文献等信息，这有利于文献的批量管理。此外，我们在阅读文献时提炼出的显性信息和分析文献时获得的隐性信息都是很有价值的，也需要进行记录和整理。当然，对于突然想到的研究思路、闪过的想法等，我们也要及时记录下来，因为这些想法弥足珍贵，而且稍纵即逝。

最后，建议同学们定期总结并回顾读书笔记，看看针对某一领域，过去的文献已经做了什么，还有哪些工作可以做，从而做到心中有数；同时可以评估该领域当前的进展，找一找现有研究的优点和不足，并且尝试预测未来的发展方向，不断为自己的研究提供参考。

第四章
"食材"：从标题到结论

第一节　实证论文的一般结构

不同学科、不同类型的论文具有不同的结构。本书主要介绍实证论文的结构。一般来说，一篇完整的实证论文应该具有如下组成部分：标题，目录，摘要，关键词，引言或者绪论，文献综述，理论分析与假说提出，研究方法与研究设计，研究结果，针对结果的讨论，研究结论与建议，研究局限，参考文献，附录等。需要注意的是，这里列出的是实证论文的结构，理论文章的话，结构则完全不同。另外，期刊类学术论文和学位论文的结构也会有些许不同。比如，学位论文就必须要有目录，而期刊论文则一般没有。那么，实证论文的上述部分在写作时有什么具体要求和需要我们注意的事项呢？接下来我们就详细讲解。

第二节　读者意识

在逐一介绍实证论文的每一个部分之前，我想请同学们明确一件很重要的事情，那就是，作为论文的作者，我们一定要有读者意识！也就是说，我们在写作论文的每一部分之前，都需要站在读者的角度去思考问题：假如我们是读者，我们想看到什么样的论文呈现呢？我们之前讲了文献阅读，请同学们想一想，你是如何阅读现有文献的？相应地，别人就是如何阅读你的文章的。

比如，我们读文章的时候一般先读标题，因为标题是一篇文章留给读者的第一印象。我们作为读者，最希望看到什么样的标题呢？是一看就能知道文章主要内容

47

的标题，还是需要耗费大量精力去思考的标题？是有意思的标题，还是乏味的标题？然后，反过来，当我们转换角色，作为作者，我们就需要按照读者的需求去呈现相应的标题。

再如，当我们阅读文献的时候，摘要和前言的好坏会决定读者是否由泛读转向精读，甚至会决定读者是否会在自己的文章中引用。我们喜欢读什么样的摘要和引言呢？是那些言简意赅、一看就能抓住主要信息的，还是信息量超级大，但是读完之后不知所云的呢？同学们心中肯定有答案。

又如，我们前面讲过，文献综述会帮助读者建立关于某个话题的系统知识。那么，当我们阅读文献综述的时候，我们是想系统地了解某个领域的研究现状呢，还是想看到一堆罗列和堆砌的文献呢？

还有，学术论文的研究设计部分经常被读者用来学习研究方法。那么，我们在阅读这部分内容的时候，是希望看到简明清晰的研究设计和操作步骤呢，还是希望看到那些对于概念和模型介绍十分模糊的表达呢？

最后，学术论文的研究结论一般来说会影响后续研究的进展、优化政策实施效果，并且提升实践业务绩效。那么，作为读者的我们，在阅读这部分内容的时候，是希望能够阅读到客观的结论和中肯的建议，还是那些顾左右而言他、没有实际意义的托词呢？

总之，我们希望读到什么样的文章，就应该怎么去呈现自己的文章。这一点非常重要，也非常有用。下面我们就从论文标题开始，逐一来看一看实证论文的每个部分各有什么特点。

第三节　论文标题

一、标题写作的特点

首先我们来看论文标题。标题是极度浓缩的文章内容，要反映文章的主题。它的长度有限，要在有限的空间里展示一篇文章，并且清晰准确地表达研究的核心内容。所以，标题中的每一个字都必须是相当具有含金量的，因为标题要尽量包含论文所列的重要关键词。这就意味着标题不能过长，要做到简练和准确，不能包含不必要的信息和表述不当的措辞，也不能包含含糊不清的信息，比如生僻专有名词的缩写等。

因为标题是文章留给读者的第一印象，起到吸引读者阅读和引用的作用，所以标题要非常醒目和吸睛。并且，标题要尽量突出文章的创新点，比如，我们可以把有特色的理论视角或者研究方法直接包含在标题中，从而突出显示文章的特色以及创新点，最好是让读者一看到这个标题就知道是你的文章。

我们也可以在必要的时候适当运用副标题。比如，当标题中信息含量过多时，我们就可以把主要研究问题放在主标题中，把研究方法或者创新视角放在副标题中。或者，当题目中需要用到比喻或者类比的修辞手法的时候，我们也可以在主标题中体现这种修辞，起到提升吸引力的作用，而把研究主题的描述放在副标题中。

最后，关于论文标题，同学们还要注意它的写作顺序。一般来说，我们的选题确定以后，就要根据选题的内容和所用的研究方法确定一个标题。在后续的写作过程中，我们都要反复回过头来参照标题，确保文章的每一个部分都在标题所框定的范围之内，没有与主题不相关的内容。这也是标题的一个很重要的作用。但是，因为标题往往是文章的点睛之笔，所以我们也要在写作论文的过程中，根据具体思路的走向不断地去修改标题，让它达到准确反映文章内容、同时又画龙点睛的目的。因此，论文标题的拟定与论文写作的具体实施一定是个双向奔赴的过程，标题是写作的纲领，写作又会影响标题。这两者的互动是个动态变化的过程，直到文章最终定稿的时候，标题也才能完全确定下来。

二、优秀标题示例

我们来看几个优秀论文标题的例子。第一个，*Inventor CEOs*。这个题目只有两个词，非常简洁明了。而且，透过这个题目，我们可以非常清楚地知道这篇文章的主要研究问题是什么。首先，它显然属于公司 CEO 的个人特质会影响企业决策的范畴。然后再通过第一个词"inventor"，就知道它是在讲 CEO 的创新特质。一般来说，当你的所有研究问题都是围绕某一个变量来展开的时候，你就可以采用这样的标题。这样的好处是，通过给出更少的信息，给读者留下更多的思考空间，更能引起读者的好奇心，让人很想知道这篇文章到底有什么有趣的发现；而且，由于标题非常精炼，很有辨识度，其很容易给读者留下极为深刻的印象。不过，如果你想采用这样的标题，则其必须是一篇在特定领域具有一定开创性的文章，这一般只有学术能力很强的学者才能驾驭。

后面的几个题目，都是带有副标题的例子。在这几个例子当中，作者都很好地运用了比喻或者类比的方法。我们来看第二个例子，*Are red or blue companies more likely to go green*？读完这个主标题，大家可能不太明白是什么意思。但是读完副标题，"*Politics and corporate social responsibility*"，就恍然大悟了！原来，主标题中的 "red" 和 "blue" 对应的是 "politics"，指的是美国共和、民主两党，而 "green" 对应的是 "corporate social responsibility"。所以，这个题目既简洁清晰地向读者展示了文章最核心的两个研究对象 "politics" 和 "CSR"，又巧妙地运用不同颜色对这些研究对象进行指代，可以说是完美的安排。

第三个例子，"'中国式婚姻'：成长型企业的'赘婿式'并购与跨国公司的'教练型'治理"也是类似的风格。主标题用比喻，把企业并购比作婚姻，点明了文章主题；副标题则进一步说明文章的研究问题。而且，在副标题中也用了"赘婿式"和"教练型"两个词进行类比，非常形象地描绘了成长型企业并购和治理的特点，在接地气的同时又增加了趣味性，让读者瞬间感受到中国式企业并购和公司治理的特点。

和前面的几个例子相反，第四个例子，"中国区域文化地图：'大一统'抑或'多元化'？"在主标题中表明了文章的研究内容，而在副标题中运用了类比的修辞。这样的安排，既对研究内容进行了细化，又增加了题目的趣味性。同时，副标题还采用疑问句式，进一步引起读者的好奇。而且，"大一统"和"多元化"两个词刚好与主标题中的"中国区域文化"特征相对应，使得前后衔接天衣无缝。

第五个例子，"本土制造业企业如何在绿色创新中实现'华丽转型'？——基于注意力基础观的多案例研究"，是一个案例研究类题目的经典表述。这类题目的特点是，主标题展示文章的主要研究内容，而副标题则阐明本文的核心理论基础与主要研究方法。一般来说，对于这类题目，主标题可以采用问句的表述以及修辞化的表达来提高趣味性，而副标题中的核心理论则从内容上展示本文的创新点，体现本文研究的新视角。

对于这样的一些论文标题，同学们可以多借鉴、多学习。当然，论文标题的写作不是一成不变的，也不必刻意追求有趣或者修辞。有时候仅仅陈述研究对象 x 和 y，或者 x，y，z，也是很普遍的表达方式。最重要的底线是要保证对研究问题的清晰表述，不必为了刻意追求表达的趣味性而损失了信息传递效率，得不偿失。

三、论文标题写作常见问题

以下总结了同学们在写作论文标题时常见的一些问题。

第一，主题选取与专业有偏差。如果研究主题与自身专业不符，则会使论文在研究深度和专业性上大打折扣。如可能导致在研究过程中缺乏专业知识的支撑，难以进行深入分析和论证；同时也可能让读者质疑作者的专业能力。在确定主题时，我们一定要紧密结合自己的专业领域，充分考虑专业知识的运用和拓展。

第二，主题无意义或过于陈旧。无意义的主题缺乏研究价值，无法为学术领域或实际应用带来新的见解或贡献。而过于陈旧的主题，虽然可能有一定的研究基础，但如果没有新的视角或方法，也难以引起读者的兴趣。在选择主题时，我们要关注学术前沿动态，挖掘具有创新性和现实意义的研究问题。

第三，题目预设问题导向。文章标题一般来说只需提示研究问题，而不应该预先设定对某一结果的倾向，更不能透露研究结论。比如，"内部控制与企业盈余质量"或者"内部控制会改善企业盈余质量吗？"是正常的题目，而"内部控制会改善企业盈余质量"则预设了问题导向。预设问题导向会限制读者的思考空间，使题目显得过于局限和主观。题目应保持中立和客观，让读者能够自主地对论文内容进行思考和探索。

第四，题目过于冗长。过长的题目会让读者感到困惑，难以在第一时间把握文章的核心内容，也不会给读者留下深刻印象。简洁明了的题目能够迅速吸引读者的注意力，传达出论文的关键信息。在拟定题目时，我们要避免使用冗长复杂的表述，应尽量用精练的语言概括研究主题。

第五，主题不明确、内容过宽过大。当主题不明确时，文章容易失去焦点，读者难以理解作者的研究目的和重点。而过宽过大的主题则会使研究变得宽泛而缺乏深度，难以进行深入的探讨和分析。在确定主题时，我们要提炼研究问题，聚焦具体的研究对象和范围，确保论文有足够的深度和针对性。

第六，文不对题。题目所展示的研究内容与文章实际内容不符，或者文章中出现了题目之外的内容。这会让读者产生误解，降低论文的可信度和可读性。在写作过程中，我们要始终围绕题目展开论述，确保题目与内容的一致性。

第七，题目包含晦涩的信息。如果题目中包含不太常见的缩略语、专业术语或模糊的措辞，则可能会让读者感到困惑。在拟定题目时，我们要使用通俗易懂的语言，避免使用晦涩难懂的信息，以便让更多的读者能够理解和接受论文的内容。

第八，题目缺乏吸引力。虽然在写作初期我们不必过分关注题目是否具有吸引力，但在写作过程中我们可以随时思考并反复修改，使题目更具吸引力。一个有吸引力的题目能够激发读者的阅读兴趣，提高对论文的关注度。我们可以采用新颖的表达方式、提出引人深思的问题或突出研究亮点等方法来增强题目的吸引力。

第九，题目有语法错误。语法错误是论文写作中不可忽视的问题，它会严重影响论文质量。在拟定题目和写作过程中，我们要仔细检查语法错误，确保题目和文章的语言表达准确、规范。

第四节　论文摘要

一、摘要写作的特点

接下来，我们来看论文的摘要部分。论文的摘要是一篇文章最核心的部分，它的作用是帮助读者快速了解文章内容，以确定是否需要继续阅读全文。我们前面在讲论文选题的时候讲过一个概念叫作"Elevator Pitch"，是说要在乘电梯的时间内向其他人简明清晰地介绍自己的研究。如果此时你讲的是自己的一篇论文，那在这段有限时间内你所讲的基本上就是你的论文摘要了。

其实，摘要更像是一篇完整的小论文，这篇小论文一方面是正文内容的高度浓缩，另一方面可以看作是论文标题的适度拓展。所以，摘要的第一句话最好呼应论文标题。同时，对于文章的关键词，摘要当中都要有所提及。

在写作顺序上，因为摘要是全文内容的浓缩，所以我们一般是在全文都完成之后再写摘要。而且，由于那些有经验的读者在决定是否通读全文之前，往往会先查看摘要。因此，摘要在很大程度上会决定一篇文章的前途，也就是会不会被更多的读者阅读和引用等。因而，我们要在修改论文正文的同时反复修改摘要。

二、摘要的内容

一般来说，发表在学术期刊上的论文摘要通常在 200~500 字，而硕士论文的摘要一般约为 1 000 字。鉴于篇幅存在严格限制，摘要中务必只包含"要点"。

具体而言，摘要应包含以下四点内容：第一点是研究背景或研究动机。这部分旨在回答"为什么要做这项研究"，需深入阐述研究的背景、重要性、以往研究存在的问题或者本研究的必要性等。对于这部分，我们一定要用简洁明了的一两句话交代清楚。需注意的是，有时候由于篇幅所限，也可以省略研究动机，直接进入第二点内容，即文章的研究问题。研究问题是摘要中最为核心的内容，篇幅不一定很长，可以仅用一两句话来表述，但必须清晰地说明我们正在讨论的问题或者验证的假设。这一点至关重要，因为它直接关系到读者对论文研究方向的把握。第三点是研究方法与研究发现。对于研究方法，我们可以简要提及，无须过多展开，而应把更多的篇幅留给研究发现的描述。在描述研究发现时，要做到准确、具体。第四点是总结研究结果，得出结论，并阐述本文的理论和实践价值。这部分内容不仅要对研究发现进行提炼和升华，还要明确指出论文对学术领域和实际应用的贡献，使读者进一步认识该论文的重要性和价值所在。

三、优秀摘要示例

我们来看一个例子。这篇摘要出自《本土制造业企业如何在绿色创新中实现"华丽转型"？——基于注意力基础观的多案例研究》，这篇文章来自《管理世界》2022年第3期。请同学们阅读这篇范文，思考一下这篇摘要包含了哪些内容，以及它是如何与文章的题目相呼应的。

在"碳达峰、碳中和"战略目标以及绿色发展新时代背景下，制造业企业的绿色创新和转型升级成为重中之重。本研究基于注意力基础观的元理论框架，采用纵向多案例研究方法，选择4家典型的制造业企业，深度剖析制造业企业绿色转型演化过程"制度逻辑驱动→资源编排过程→绿色转型结果"的内在形成机制。研究结果发现：①制造业企业的绿色转型过程可以划分为传统发展期、绿色转向期和绿色转型期三个时序区间，且不同阶段的主导逻辑、资源编排方式和绿色创新行为特征存在显著差异；②不同制度逻辑和资源编排过程衍生出四种差异化的绿色转型模式，即"产业链绿色集成模式""供应链绿色整合模式""多重响应绿色蝶变模式"和"隐形冠军绿色追赶模式"；③不同绿色转型模式通过调整注意力配置对象和注意力聚焦方向，可以通过"长视引领绿色跃迁路径""价值重构绿色跃迁路径"和"双重预见绿色跃迁路径"实现更高程度的绿色转型。综上，在理论上，本研究丰富了注意力基础观在绿色创新领域的应用研究；在实践层面，研究结论为"双碳"目标下我国制造业企业的绿色转型升级提供了有益的管理启示。

从内容上看，首先，它的第一句话交代了本文的研究背景和研究动机。第二句话阐明了本文的具体研究问题，介绍了本文的核心理论依据和主要研究方法。研究结果部分列举了三条重要的研究发现。最后一句话则概括了本文的理论意义与实践价值。从与文章标题呼应的角度来看，标题中的关键词全部反映在了摘要中，摘要是对标题的精准拓展和完美诠释。

四、论文摘要写作常见问题

以下总结了同学们在写作论文摘要时经常出现的一些问题。

首先，摘要内容不完整。摘要应涵盖研究动机、研究问题、研究方法、研究发现以及结论与启示等关键要素。缺少对研究问题的说明，会使读者无法直入主题；缺少对研究价值的阐述，则难以让读者认识本研究的重要性。学位论文相比于期刊论文，其摘要有相对充足的篇幅来完整呈现这些内容。所以，同学们在修改摘要时，务必检查其内容的完整性。

其次，摘要中背景信息介绍过多。适当的背景信息可以自然地引出文章的研究问题，同时说明本研究的必要性。然而，过多的背景信息不仅不会产生增量价值，还会遮蔽研究问题，使摘要显得冗长拖沓，导致读者很快对文章失去兴趣。同学们要注意把握背景信息的展示程度，只要达到引出研究问题和说明研究必要性两个目的即可。

再次，摘要中不必要的细节过多。比如数据的搜集过程、控制变量的定义等。这些细节信息虽然在正文中可能很重要，但在摘要中出现会冲淡整个摘要的故事主线，分散读者的注意力。摘要应聚焦本研究的关键内容，避免过多无关细节的干扰。

最后，摘要不能呼应文章主题，或者没有充分包含关键词。这是文不对题的一种体现，会让读者对论文的内容产生误解。同学们在修改摘要的时候，务必注意检查标题中的关键词是否都包含在摘要中，使摘要与文章主题紧密呼应。

第五节　论文关键词

一、关键词写作的特点

下面我们来看论文关键词。关键词是对论文核心内容最浓缩的概括。因为它是标题和摘要的进一步浓缩，所以要与标题和摘要相呼应。摘要中没有出现的内容，一般来说不应该成为关键词。

从内容上来说，关键词需要概括文章的核心研究对象、所用的核心理论，以及所表达的核心观点。有时候，我们的核心研究方法比较有特色时，也应该出现在关键词中。也就是说，关键词的内容是实实在在的核心概念，而不能是泛泛而谈的空词。从功能的角度，关键词既要能够提示文章的主题，又要能够体现文章的特色。

也就是说,读者只是看到这几个词或短语,就能够大概知道这篇文章在研究什么问题,以及用了什么理论和方法;同时,又能够明确知道这篇文章的与众不同之处。因此,从特点上来讲,关键词既要有继承性,又要体现创新性。而从结构安排上来看,我们一般按照重要性对关键词进行排序,最重要的关键词排在最前面。最后,就个数而言,一般来说,提取3~5个关键词比较合适。

二、优秀关键词示例

我们通过一个例子来看摘要和关键词的对应关系。还是以《本土制造业企业如何在绿色创新中实现"华丽转型"?——基于注意力基础观的多案例研究》这篇义章为例,其中的关键词为绿色转型、制度逻辑、资源编排、绿色创新和注意力基础观。我们发现,在这五个关键词中,"绿色创新"和"绿色转型"是文章的核心研究对象。这两个关键词反映了文章主题,体现了文章选题的传承性。"注意力基础观"是文章用来解决研究问题的核心理论框架,而"制度逻辑"和"资源编排"则既是文章的重要理论依据,又反映了文章的核心观点(也就是企业绿色转型的演化过程是基于"制度驱动"和"资源编排"而发生的)。这三个关键词反映了文章独特的研究视角和研究思路,充分展示了文章特色,体现了文章的创新性。

二、关键词写作常见问题

以下总结了同学们在提取关键词的过程中经常出现的一些问题。

首先,关键词不能很好地反映文章主题。关键词若缺少代表文章核心研究对象或研究问题的词语,就会使读者在检索时难以快速定位到该文章。比如,对于一篇关于企业内部控制与盈余管理的文章,其关键词中至少要有"内部控制""盈余管理"等核心概念。

其次,关键词无法体现出文章的特色和创新。这是更为常见的问题。如果通过几个词语来展示文章的特色和创新,这一点确实需要我们在修改文章的过程中反复思考和提炼。例如,若文章采用了一种新的研究方法来探讨传统问题,那么关键词中就应该包含这种新方法的名称;如果文章提出了一个新颖的理论观点,相关的核心概念也应作为关键词出现;甚至有时候,当我们采用了一种独特的数据资源来开展实证研究,该数据来源也可以成为关键词。

最后,关键词还可能存在一些其他问题。比如关键词数量过多或过少。过多会显得杂乱,影响检索效果;过少则可能无法全面涵盖文章的主要内容。还有可能出现关键词表述不规范的情况，例如使用过于口语化的词语或者生僻、模糊的词汇。关键词应尽量使用规范的学术术语。同时，我们也要注意关键词之间的逻辑关系，避免相互矛盾或重复。

第六节　论文引言

一、引言的三要素

下面我们来讲引言部分。如果读者读到了你的引言，那么恭喜你！这说明你的研究问题足够有趣，读者想进一步了解你的研究思路和更多细节。这个时候，我们已经为读者打开新的大门，也就是论文的正文部分。而引言是正文的开篇，其重要性不言而喻，值得你花费大量时间反复打磨。

引言的写法，包括其内部结构安排，其需要根据学科和论文类别的不同而有所区别。但是一般来说，引言的内容需要包含三大要素，那就是缘起、张力和聚焦。并且，在这三个部分，我们需要分别回答三个重要的问题，也就是：我为什么要研究这个议题？这个议题目前存在什么问题？我如何解决该问题？下面我们来分别讲解。

（一）缘起

引言的第一个要素，也是文章的开篇部分，是缘起。在这个部分，我们需要回答"我为什么要研究这个议题"。为了回答这个问题，我们要从研究背景或研究动机谈起，自然地引出所要研究的议题，让读者知道我们大致要讨论什么话题，以及这个话题为什么是重要的。

具体来讲，研究背景或研究动机是引言的前几句话，是开篇的开篇。所以，这一部分内容一定要足够有趣、足够吸引眼球，才能引起读者继续阅读的强烈兴趣。对于背景或动机的提出，在具体写作时，我们既可以从实务角度出发，援引一个或一些与本研究话题密切相关并且十分引人注目的社会现象、政策法规、媒体报道或数据统计等重要事实，也可以从学术研究的角度出发，指出学术界对某个现象或议题的观点所存在的争议，从而引起读者继续阅读的兴趣。紧接着，自然而然地引出我们所要讨论的话题，并且简要说明这个话题的重要性。这里，我们对于话题重要性的阐述可以简单一些，因为后面还有篇幅可以用来进一步阐述研究问题的重要性。

（二）张力

引言的第二个要素是张力，也就是我们经常所说的"tension"。在这个部分，我们需要回答"这个议题目前存在什么问题"。为了回答好这个问题，我们首先需要简要梳理与本文议题相关的研究脉络，从而明确针对该议题我们已经知道的和尚未知道的内容；其次，自然地总结出需要我们解决的具体研究问题；最后，一定要详细阐述该研究问题的重要性与紧迫性。

具体来讲，关于"张力"的第一个部分——梳理已知和未知，我们可以简要叙述现有文献对本文议题当前的研究进展，目前已经取得了哪些成果，得到了哪些结论；然后，讨论学者们对这些成果和结论是否存在争议。也就是说，通过不同的方法、不同的样本以及不同的研究场景我们是否会发现不同的结论。此外，看看针对该话题现有文献还存在哪些缺陷，还有哪些问题没有得到妥善解决，还有哪些需要我们继续探究的地方。请同学们注意，在这里，我们梳理这些问题的目的仅仅是自然地引出本文的研究问题。因此，对这些问题的梳理一定要做到简明扼要，不能长篇大论，也不能有过多细节，否则就会喧宾夺主，打乱行文主线。更详细的文献内容可以放在文献综述部分进行阐述。

我们总结完现有文献关于这个议题的研究进度和存在的问题之后，就可以很自然地引出本文需要解决的具体问题了。这当然是本文的核心，因此在写作的时候请务必重视。研究问题的阐述一定要具体和明确，要与文章主题相呼应，并且要贯穿全文的始终。对于研究问题的语言表述一定要清晰明了，掷地有声。

引出研究问题之后，我们还需要马上对它的重要性和紧迫性进行阐述，换句话说，就是说明这个研究问题的理论意义和实践价值。关于这一点，我们强调要首先做到"胸中有丘壑"，打开视野、深入思考，关注研究问题背后的"big picture"，从而体现出文章选题的"顶天立地"。具体来说，我们需要先从理论方面去挖掘研究问题背后的大范畴、大原理和大逻辑，从更宽广的角度去阐述文章议题的重要性；同时，需要从企业及行业、投资者、供应链、监管者及政策制定者等角度去挖掘该问题的实践价值。此外，关于研究问题的重要性或者研究价值，我们还需要注意，如果是针对某个特定情境的研究，我们要注意其结论的可扩展性。比如，针对中国情境的研究结论，我们可以适当讨论一下该结论在其他国家的适用性；再如，针对某个行业或者某个公司的案例研究结论，我们也可以讨论该结论在其他行业或公司的适用性，等等。

（三）聚焦

引言的第三个要素是聚焦。在前两个部分，我们已经进行了充分的铺垫，吊足了读者的胃口，在这个部分我们就需要给出解决问题的具体方案，回答"我如何解决该问题"。

具体来讲，我们需要在这一部分简述本文的研究内容、研究方法、研究结论以及创新点。当然，我们在这里介绍的研究内容、方法和结论都是简要论述，篇幅短小，内容精炼，点到为止，不会详细展开。对于相关的细节，比如研究假设的推导，模型设定和变量定义，以及对研究结果的讨论等，分别在文章后面的相关部分详细介绍。

此外，还要请同学们注意，创新点和研究意义是有区别的。研究意义是说本文所研究的问题解决了之后对相关理论的推进以及对实践层面的借鉴意义，而创新点则强调本文相比于已有研究的不同或改进之处。当然，创新点与研究意义也有含义重合的部分。因此，我们一般会在学位论文中分别阐述研究意义和创新点，而在期刊论文中则普遍将二者合二为一，在引言部分讨论理论意义，而在结论部分讨论实践价值。

论文的引言其实和摘要一样，也是对全文内容的概括，只不过比摘要提供的细节更多一些。因此，我们可以把引言部分的写作安排在整个写作过程的中后期，并且在修改引言的时候对照以上几个方面认真打磨，做到开门见山，惜字如金。精心撰写的引言可以为论文的整体质量打下坚实的基础，有效吸引读者的关注，从而提高论文的影响力。

二、引言写作常见问题

以下总结了同学们在撰写引言时经常出现的一些问题。

首先，研究动机不强或缺乏说服力。这可能是由于所援引的现实案例或者学术争议不够重要或者不够吸引眼球。在这种情况下，补充新的证据会对你有所帮助。例如，我们可以通过查找最新的行业动态、热点事件或者权威数据来增强研究动机的可信度。

其次，引言提供了过多背景信息。与前面的问题相反，另一个极端情况是背景信息提供过多，这是很常见的问题。过多的背景信息会让读者感到迷惑，搞不清楚本文的研究问题到底是什么，从而失去阅读兴趣。一定要记得，背景信息是为了说明研究动机并引出研究问题，因此我们在筛选背景信息的时候一定要注意它们与研究问题的相关性。

再次，关于研究问题的提出也会存在一些不当之处。有时候研究问题的引出不够自然，不够直接，过于迂回曲折；有时候研究问题本身的表述过长，不够清晰；有时候研究问题甚至与文章标题有所差异。这些问题都会给读者带来困惑。因此，我们要对研究问题的表述格外关注，使其简洁明了、掷地有声。我们在叙述研究问题时要避免使用复杂的句子结构和过多的修饰语，让读者能够一目了然；同时，要确保其与文章标题保持一致，使读者能够准确把握研究主题。

最后，文章的研究意义或者创新点的提炼不准确、不到位。这需要我们结合文章研究话题的理论脉络和实践需求，深入思考本文对于现有研究的贡献和对实务界的参考价值；同时，要注意用具体的例子、数据、文献等材料来支持研究意义和创新点的阐述，增强说服力。

当然，引言作为论文正文的一部分，也会存在语言表达、逻辑层次、衔接过渡方面的问题。这类问题属于论文各部分的共性问题，我们将在第五、第六、第七章进行详细讲解。

第七节 文献综述

一、文献综述写作的特点

介绍了研究背景和研究问题之后，我们就需要系统地梳理和评价与本文研究话题相关的以往研究，也就是文献综述。从文章的角度，我们在引言的"张力"部分已经简要介绍了关于本研究问题的一些已知与未知，那么，文献综述就是对这部分内容的详细阐述和深入拓展。

我们知道，文献综述是对某一学科、专业或专题的大量文献进行整理筛选、分析研究和综合提炼而成的一种高度浓缩的文献产品。我们的研究从来都不是孤立的，而是对已有成果的传承与创新。当作者着手进行文献综述时，其便是开启了一场与领域内学者跨越时空的对话。通过深入研读前人的研究成果，作者仿佛在倾听那些已在该领域留下深刻印记的学者们的声音。他们的观点、理论、方法以及发现，如同一个个音符，共同奏响了学术研究的交响曲。作者在这个过程中，仔细品味每一个音符的韵味，揣摩其背后的含义与价值。这场对话也绝非是单向的倾听，而是一种积极的互动。作者在吸收前人智慧的同时，也在不断思考、质疑和回应。

二、文献综述的作用

很多同学觉得，文献综述就只是写论文时候的一个必要环节，因此在写文献综述的时候更像是在被动地完成任务，而不清楚我们到底为什么要进行文献综述。其实，文献综述在整篇文章中起着非常重要的作用。只有当我们明确了文献综述的作用和目的，我们才能更好地把它和文章的其他部分有机地串联起来，让它真正为提高文章质量服务，并且我们写文献综述的效率也才会更高。

那么，通过文献综述，我们希望达到什么目的呢？

第一，文献综述可以帮助我们选题。关于这一点，我们在第二章中就提到过。通过阅读与梳理文献，我们可以发现针对某一研究领域，前人已经做了哪些工作，用了什么方法，发现了哪些结论等，从而做到心中有数，并进而发掘新的研究空间，找到合适的论文选题。

第二，文献综述可以帮助我们理清某一个学科或者研究领域的研究脉络。我们前面讲过，一个好的选题要遵循传承性原则，也就是要建立在已有研究基础之上，要有充足的理论支撑。因此，梳理研究脉络，对于一篇成功的论文至关重要。而文献综述就能够反映当前某一领域中的某分支学科或重要专题的历史由来、发展现状，以及最新进展，因此其能够很好地帮我们熟悉该领域的研究脉络，保证我们的研究不会偏离"正道"，并在本领域研究的发展过程中起到承上启下的作用。

第三，文献综述能够帮助我们奠定理论分析的基础。我们不论写哪种类型的论文，都离不开理论的支持。运用恰当的理论来解释我们的研究问题，不仅能够让我们的论证更具说服力，也能对理论本身的发展和修正做出贡献。发掘好理论的途径有很多，而文献综述就是其中非常重要的一条。

第四，通过文献综述来凸显本文的研究价值和创新点。我们要写出与众不同的文章，首先要列示出已有文献做了哪些工作，然后对照这些工作去总结自己文章的贡献和创新。因此，文章研究价值的凸显离不开对已有文献的充分梳理。

第五，通过文献综述，作者能够体现出其学术水平。其实，我们写作论文的过程就是向世界展示我们才华的过程。比如，理论分析部分能够充分体现作者缜密的分析能力，研究设计部分能够体现作者精巧的构思，摘要和引言等部分则充分体现作者的写作功底，而文献综述部分则恰恰体现了作者在该领域的知识积累和学术水准。因此，一个良好的文献综述能够有效地向读者传达这样一些信号：本文作者对该领域的发展脉络和该话题的来龙去脉了如指掌，本文的分析过程有据可依，本文的创新点有据可查。这些信号有助于提高文章的整体水平，塑造专业、规范和严谨的形象。

三、文献综述的种类

文献综述有很多种分类。根据其涉及的内容范围不同，文献综述可以分为综合性综述与专题性综述两种类型。所谓综合性综述，是以一个学科或专业为综述对象，对领域内的相关文献进行全面系统地收集、整理和分析；而专题性综述则是以一个具体的研究话题作为综述的对象。研究生毕业论文中的文献综述一般来说是专题性综述。

四、文献综述写作前的准备

在进行文献综述之前，我们需要先进行一些必要的准备工作。首要的任务就是全面搜集相关的文献。首先，和本文话题相关的经典文献和重要文献是绝对不能错过的。在这里，重要文献指的是与本文研究话题高度相关的文献，比如和本文采用同一个核心变量的文献，或者研究内容能够给我们提供强大理论支撑的文献等。其次，对于中英文文献都要重视。我们前面讲过，中英文文献对于我们学习和研究来讲，其作用各不相同，因此都要全面查找和认真搜集。最后，对于与本文研究话题相关的各类文献，包括影响因素相关的文献、经济后果相关的文献、主要变量相关的文献等，都要全面进行关注。还有很重要的一点，如果我们自己之前有过相关的研究成果，那一定不要忘记呈现在文献综述中。因为作者的前期研究成果既能展示作者的研究能力，也能体现作者在本领域的学术积累，从而有助于提高本文在读者心目中的分量。

在全面收集相关文献的同时，同学们需要注意，收集全面并不代表全部引用。我们全面收集文献的目的是尽可能完整地了解和掌握相关领域的重要研究成果。但是在进行文献综述的时候，也有一定的篇幅限制，不可能包括所有的文献。同时，即使是包括在文献综述中的文献也是具有不同权重的。因此，我们要对文献做适当的取舍。相应地，文献的取舍包括两个方面的含义：其一，文献综述的边界问题；其二，文献综述的详略问题。关于这两点，由于其中也涉及文献综述的具体撰写，因此我们稍后详细讲解。

五、文献综述写作的步骤

在较为全面地收集相关文献之后，我们就可以进入综述阶段了。在综述的时候，我们首先要确保出现在文献综述中的文献我们都读过。当然，阅读的方式可以是精读、泛读甚至是浏览。但无论怎样，都要求接触过原文。我们之前在文献阅读的相关内容中也讲过，一定要阅读和引用第一手文献，也就是说，是我们实实在在读到的文献，而不是从现有文献中看到的二手文献。这样能够保证最大化地还原原作者的初始观点，而且能够避免很多不必要的错误。因为很多文章在被引用的过程中会由于各种主客观因素丢失或者写错很多重要信息，比如原作者姓名、出版时间、文章题目、期刊名称等，或者曲解原文作者的真实观点，导致引述后的内容未必是原作者真正想要表达的内容。因此，我们如果引用二手文献，风险会很大，不利于我们正确了解和掌握研究话题的发展脉络，因而会降低文献综述的客观性和真实性，而且也会给读者造成不专业和不严谨的印象。

鉴于此，我们需要把相关文献归集起来并进行研读和整理。关于文献的研读，我们在上一章已经讲过。然而，是不是需要把这些文献都读完了再来写文献综述呢？当然不是！文献综述与文献阅读是不能分开的，我们需要一边阅读文献一边进行综述。我们在阅读文献的时候，就应该把每篇文献所表达的主要观点、运用的主要方法、采用的主要变量以及得出的主要结论等重要内容摘录出来，并且记录下这篇文章的研究贡献和不足之处。这样，当我们阅读完所有需要的综述的文献之后，再回过头来整理我们的文献阅读笔记，效率就会大大提高。

那么，文献综述应该从哪些文献入手呢？建议同学们从引用与本文话题相关的经典文献和重要文献开始。在阅读过程中，对于经典文献和重要文献，我们不仅需要精读，还需要重点分析。分析的具体内容就是我们在上一章讲到的七个要点。对于分析的结果也要进行记录，并且在综述的时候做重点阐述。

六、文献综述的写法

文献综述的写法有很多。一般来说，有纵向写法、横向写法以及纵横交错的写法。

纵向写法较为直观，就是把文献按照关键概念或关键理论所出现的时间顺序来综述。这种写法的好处在于能够清晰呈现综述对象的发展脉络，便于读者理解理论演进逻辑，且有助于预测未来发展趋势。比如，在公司金融领域，资本结构理论的演化路径就呈现出典型的时序特征。其最早可以追溯到 20 世纪 50 年代 David Durand 对企业资本结构的初步分类。1958 年，Franco Modigliani 和 Merton Miller 提出的 MM 理论则开创了资本结构理论研究的新纪元。20 世纪 60 年代后期至 70 年代，学者们开始考虑税收、破产成本等因素对企业资本结构的影响，逐步发展出权衡理论。20世纪80年代以来，随着信息经济学、博弈论等的发展，代理成本理论、信号传递理论、优序融资理论等新理论相继出现，丰富了资本结构理论。进入21世纪，随着全球经济的快速发展和金融市场的不断创新，以及实证研究方法不断融入大数据和机器学习等技术，人们对资本结构理论的研究更加多元化。这种综述方式就是纵向写法。

相比之下，横向写法则需要我们把相关文献按照研究主题、研究观点、研究视角、研究方法以及研究结论等维度进行归纳总结。这种写法能够全面且系统地呈现特定领域的研究现状，为读者提供清晰的认知框架，有助于我们发现新的研究空间。比如，我们综述企业资本结构的具体影响因素的文献时，就可以分别从企业内部因素、行业因素以及宏观经济因素等维度进行，而且每一个维度还可以继续细分。企业内部因素包括企业规模、盈利能力、资产结构、成长机会、公司治理结构等；行业因素包括行业竞争程度、行业生命周期、行业资产特性等；宏观经济因素包括经济周期、利率水平、税收政策、货币政策等。

纵横交错的综述方法明显是二者的结合，这种方法经常被应用于需要广泛和深入地综述某个话题的场景。纵横交错的综述方式能够充分发挥纵向和横向写法的优势，为读者提供全面、深入且具有历史纵深感的研究综述。我们一般在综述研究话题的历史背景和发展脉络时采用纵向写法，而在介绍其当前研究现状时采用横向写法。这样，既可以清晰地展示该领域的研究是如何随着时间的推移而不断演进的，又可以展示该领域的研究现状和热点问题；同时，还可以对不同研究方法和研究结论进行比较和评价，为后续研究提供参考和启示。

最后，非常不推荐同学们按照国内外分类的方式来撰写文献综述。这是因为，首先，这样的做法不仅不会给读者提供更多有价值的增量信息，反而会影响综述的深度，降低综述质量。这是因为，单纯按照国内外分类，割裂了不同地域学者研究成果的相互交流，不利于作者与现有文献进行全面对话，故而无法深入探讨现有研究的核心内容和实质贡献。其次，对于很多文献，比如中国学者写的外文文献，或者外国学者写的关于中国的文献等，我们很难把它们明确区分为国内或国外。在全球化的学术研究环境中，文献的作者和研究对象往往具有跨地域的特点，这种分类方式就变得模糊和不适用。因此，这样的做法没有意义。采用更科学、合理的综述方法，如纵向、横向或纵横交错的写法，可以更好地展示研究领域的全貌，有利于作者和现有研究成果进行深度对话，且为读者提供更有价值的信息和思考。

七、文献取舍

(一) 文献综述的边界

刚才提到，我们在做文献综述时，还有个很重要的问题，那就是文献取舍。文献取舍的第一个方面是文献综述的边界问题。很多时候，与我们的研究问题相关的文献数量繁多，不胜枚举，我们如果都囊括进来的话，不但文章篇幅不够，而且我们的时间和精力也不允许。因此，我们需要对所综述的文献进行边界的划分。这时候，一个合理的策略是对相关文献按照其话题的层次进行归类；然后对这些类别从大到小进行排列，其实也就是按照与本文话题的相关性进行排列；最后再根据实际需要，从最相关的类别出发，由近及远，依次递进，直到选择一个合适范围，对于范围以外的文献就可以舍弃了。

我们来举个例子。假如我们的研究问题是企业社会责任感知与员工创新意愿，我们就必须选定一个合适的文献综述边界，因为关于企业社会责任的文献浩如烟海，我们无法全部进行综述。那么，我们应该如何选择文献综述的边界呢？这时候，我们需要先对相关的文献按照研究话题的层次归类，然后逐级细分。一般来说，企业社会责任的研究大致可以分为宏观和微观层面。宏观层面是指企业层面的社会责任政策、社会责任表现等话题；而微观层面指的是企业内部的个体层面，比如高管、员工等，对于社会责任的心理认知或行为态度。那么，就本文话题来讲，企业社会责任感知与员工创新意愿两个变量都是企业内部个体层面的变量。因此，我们在文献综述时可以大胆放弃宏观层面社会责任的文献，只关注微观层面。但这个层面的文献仍然很多，我们可以继续细分，从而挑选出与本文话题最为相关的文献。微观社会责任的文献又可以分为行为层面和感知层面。其中，感知层面的文献与本文话题更为接近。如果你经过文献查找，发现综述的边界划分到这里，文献的数量已经差不多了，那就可以停下来，综述社会责任感知类别的文献。当然，如果这类文献数量仍然很多，我们还可以继续细分，比如按照社会责任感知的各种经济后果进行划分，选出与员工创新意愿最相关的一类。而在这一类文献中，可能存在直接研究社会责任感知与员工创新的文献，那么这几篇文章就是与我们的研究话题关系最为紧密的，也是最需要我们去综述的文献。我们可以以这些文献为出发点，由近及远地去选择合适的综述边界。

最后，还需要提醒同学们注意的是，文献综述的边界根据文章类型的不同而有所差异，学位论文可能比期刊论文所需要的范围更大。因此，请同学们把握好边界取舍的程度。另外，在实际写作时，最好说明一下我们选择综述边界的理由和依据，从而告诉读者，我们对相关领域的知识是足够的，我们选择这样的边界也是合理的。

（二）文献综述的详略

文献取舍的第二个方面是文献综述的详略问题。由于不同的文献有不同的分量和权重，因而我们在综述的时候需要做到详略得当，否则就会产生综而不述和堆砌文献的问题。那么，应该怎么来决定文献的详略呢？我们可以从两个角度来考虑。

一方面，从文献的重要性角度来看，对于经典文献和重要文献，我们要在精读的基础上进行重点阐述。而对于一般文献，我们只需要阅览题目和摘要，大致了解其思路与结论，然后浏览全文，看看有没有需要关注的细节就可以。对于这些文献，我们在综述时可以不用一一详细阐述，而是可以按照它们的研究主题分类进行叙述。此外，对于那些持有特殊观点和采用特殊方法的文章，或者是代表了最新研究动向的文章，我们可以单独进行叙述。

另一方面，从文献观点的相似性角度来看，对于那些观点类似且比较重要的文献来讲，我们可以保留，并且在综述时对其进行合并综述，也就是先写出它们的观点，然后把文献来源放在观点之后的括号中。而对于那些观点类似但重要性不同的文献，我们需要保留重要的文献并综述，而放弃那些观点重复且又不太重要的文献。

八、文献评述

文献综述结束后，我们需要对所述文献进行点评，并撰写文献评述。首先，我们需要客观地总结现有研究有待完善的地方。这样做的目的是引出本文研究的必要性。具体来讲，我们可以从现有文献研究视角的合理性、研究观点的正确性、研究方法的恰当性、研究样本的完整性，以及研究结论的统一性等方面去考虑。请同学们注意，我们在点评不足之处时，应尽量不涉及作者或具体文献。当然，如果我们的文章是在某一篇具体的文献基础之上做出改进，那在评述时就需要提到这篇文章。我们在写文献评述的时候，一定要做到实事求是，客观评述；有理有据，让人信服；态度中肯，用词中立，绝不能带入主观的态度和批评的语气。其次，在总结完现有文献的不足之处以后，需要说明本文将如何解决这些问题，这样才能凸显本文研究的价值。

九、文献综述写作常见问题

以下总结了同学们在撰写文献综述时经常出现的一些问题。

第一，力求全面而忽略综述的质量。在进行文献综述的过程中，同学们有时可能会陷入一种误区，即综述的文献越多越好，认为引用的文献越多，就越能显示出综述的全面性和权威性。于是，部分同学会把某一观点所涉及的全部文献都进行综述，却未能充分考虑文献的质量差异。实际上，不同的文献在研究方法的科学性、研究结论的可靠性、理论贡献的大小等方面存在显著差异。如果我们不对文献的质量进行评估和筛选，就很可能会导致综述内容繁杂混乱，缺乏重点和深度。为此，我们在综述时应该区分文献的主次和详略。对于那些具有重要理论贡献、采用科学研究方法且研究结论可靠的文献，我们应该给予重点关注和详细阐述，将其作为综述的核心内容。而对于一些质量相对较低、重复性较高或者研究方法存在明显缺陷的文献，我们可以适当简略提及或者直接舍弃。

第二，缺少重要文献或最新的文献。与第一点相反，同学们在撰写文献综述时也可能会出现遗漏重要文献或者最新研究成果的情况，这会极大地影响综述内容的全面性和权威性。综述中如果缺少重要文献，就难以准确地呈现该领域的发展脉络和核心问题；而如果忽略了最新的研究成果，文献综述就会显得滞后，无法为当前的研究提供及时、有效的参考。因此，我们必须高度重视对重要文献和最新研究成果的搜索和梳理，确保综述内容的传承性和前沿性。

第三，文献中引用的核心概念界定不清。在文献综述中，我们常常会引用一些关键概念。然而，如果我们没有对这些概念进行明确的定义，或者定义不够清晰，读者可能会误解该概念，进而影响读者对整个文献综述的逻辑结构和研究结论的理解。请注意，一个清晰的定义应该简洁明了地阐述概念的本质特征、适用范围和与其他相关概念的区别。

第四，文献简单罗列堆砌。这是一个在文献综述撰写时极为常见的问题。具体表现为，仅仅简单地罗列文献的名称及结论，而没有对这些文献进行深入的分析、归纳和总结。如此一来，综述内容就会显得杂乱无章，缺乏系统性和逻辑性。当读者阅读这样的文献综述时，其很难从中提取出有价值的信息，也无法清晰地了解该研究领域的整体状况和发展趋势。我们再次强调，文献综述的重要目的之一是通过对各种观点的对比而发现可以挖掘的研究空间。因此，叙述现有研究的观点只是一种手段，而不是目的。我们应该对所引用的文献进行深入的解读和剖析，归纳出不同文献之间的共性和差异，分析各种观点的优势和不足，进而探讨该领域未来的研究方向和可能的突破点。例如，我们可以将相似观点的文献进行归类整理，分析其共同的研究视角和方法，以及可能存在的局限性。同时，对于相互矛盾的观点，我们可以深入探讨其产生分歧的原因，思考如何通过进一步的研究来解决这些矛盾。

第五，综述缺乏条理甚至相互矛盾。首先表现为文献综述内容缺乏前后的逻辑联系，也不符合特定的论证框架，甚至出现了前后说法不一致的情况，因而无法有效地传达研究的核心内容和观点。例如，在讨论某个关键概念时，前面可能强调其重要性和积极影响，而后面在分析其他文献时却又对其进行了否定或质疑，而且没有给出合理的解释和过渡。这会极大地降低文献综述的可信度和权威性，读者会对综述的准确性产生怀疑，难以确定哪些观点是可靠的。为避免出现这些问题，我们应首先明确研究主题和目标，制定合理的论证框架，并严格按照框架进行组织和撰写。在引用文献时，我们要确保对文献的理解准确无误，避免断章取义；同时，在撰写过程中要不断进行自我审查，确保前后内容逻辑一致，避免出现矛盾和混乱的情况。

第六，文献综述与研究问题联系不紧密。也就是说，在文献综述中，作者引用的文献与本文的研究问题之间关联性不强，使得文献综述无法很好地支持和解释研究问题。一项好的研究应该建立在对相关文献的充分理解和借鉴之上。如果文献综述中引用的文献与研究问题无关，那么研究者可能会在研究过程中缺乏正确的理论指导和方法借鉴，导致研究结果的可靠性和有效性受到质疑。因此，我们应该明确研究问题的核心概念和关键要素，有针对性地查找与之相关的文献。在引用文献时，我们要注重分析文献与研究问题之间的关系。

第七，过度引用某些文献。有时候，我们在撰写文献综述时，可能会不自觉地过分倚重某些文献，在综述甚至是文章的其他部分多次引用这些文献，从而导致其他重要文献被忽视。这会使得综述内容不够均衡，无法全面地反映该研究领域的全貌。这不仅会影响读者对研究主题的全面理解，也会给读者留下文献综述不客观、不可信的印象。因此，我们应该保持客观和全面的态度，广泛地搜索和阅读相关文献，确保不同观点和研究成果都能得到适当的关注和引用。

第八，过于严厉地批判现有研究。具体表现为，在文献评述中，作者对现有研究进行过度批判，忽视了其贡献和价值。在进行文献评述时，对现有研究进行评价和分析是必要的，但如果过于严厉地批判，就可能走向极端。有时候我们的认识可能过于主观，对前人的研究可能进行片面的批判，而且在批判的过程中，用词和语气可能带有情绪，不够客观和中肯。这样的文献评述不仅不能为自己的研究提供有价值的参考，还可能会引起其他研究者的反感。我们应该认识到，每一项研究都有其特定的背景和目的，都为该领域的发展做出了一定的贡献。在进行文献评述时，

67

我们应该以客观、理性的态度，既指出现有研究的不足之处，又充分肯定其贡献和价值。同时，我们应该避免使用过于情绪化的用词和语气，保持学术的严谨性和客观性。

第九，综述的文献和参考文献列表没有一一对应。这是一个规范性的问题，其说明文章可能存在漏引或错误引用的情况。我们在撰写文献综述时，应该认真核对引用的文献和参考文献列表，确保每一个引用都有准确的出处，并且在参考文献列表中都能找到相应的条目。

以上问题希望同学们在撰写和修改文献综述的时候引以为戒，以提高文献综述的质量和学术水平。

第八节　理论基础

一、理论的作用及写作特点

写完了文献综述，接下来就到了理论基础部分。首先我们来看看什么是理论。理论是对事物本质和规律的系统性及抽象性的表达，是对现实世界的概括和解释，以及对事物之间相互关系的组织与描述。

在学术研究领域，理论是研究的基础和框架，它包含一系列相互关联的概念、假设、规律和原理，用于解释和预测现象，指导研究的方向，并为研究提供可能的方法。因此，理论在科学研究和学术探讨中具有重要的地位和作用，它是研究的起点和归宿，为知识的拓展和学科的进步奠定基础。在论文写作中引入理论基础，能够为研究问题的推演和解决提供方向性的指导和更具说服力的证据，从而提高研究的可信度，进而提高文章的科学价值。因此，同学们在平时的学习过程中就要注意多多积累本学科相关理论，要明确这些理论的具体内容，以及它们适用于解决哪些类型的科学问题。

在操作层面，理论基础的呈现方式与本文是否包含研究假设有关。具体来讲，一方面，如果研究者明确提出了研究假设，那么理论内容通常会直接用于推导或论证这些研究假设。研究假设是对研究问题的预设，而理论则是支撑研究假设的基础。通过运用相关理论，作者可以推演出研究假设，并为后续的研究设计和数据分析提供指导。另一方面，如果研究者并未明确提出研究假设，而只是针对某一具体研究问题展开探讨，作者应当列举已有的相关理论，用以解释和分析所研究的问题。同时，为了确保理论与文章内容保持紧密联系，我们应当在阐述理论的同时，强调理论与本文研究问题的关联，以使读者能够理解我们为何选择了这些理论，并明白它们在研究中的作用，从而确保理论在文章中的运用更具针对性和可解释性。

二、理论基础写作常见问题

相应地，在相关理论的应用方面，同学们常见的问题有以下三个：

第一，文章所列理论与研究问题无关。前面讲过，一项研究的可信度是建立在扎实的理论基础之上的。如果所列举的理论与研究问题没有直接联系或者没有明确的相关性，将会导致研究问题无法得到必要的理论支持，研究结论可能缺乏说服力，文章的学术价值和科学性将会受到质疑。因此，我们在撰写理论基础时，应当注意选择与研究问题密切相关的理论，以确保理论的有效运用和论文的研究目标相一致。

第二，没有说明所列理论如何解释研究问题。如果我们只是简单列举理论而不对其在研究中的应用进行解释，可能会使读者无法理解为何选择了这些理论，从而难以判断这些理论是否适用于当前的研究问题，也无法理解本文研究问题背后的理论逻辑。因此，我们应该在解释理论内容的同时，对其如何支撑本文研究问题进行详细说明。

第三，所述理论没有列明出处。理论作为学术研究的重要组成部分，是学者通过论文或者著作提出的。因此，我们在引出一个理论的同时，需要说明该理论的来源和出处，以确保理论引用的科学性。这也有助于体现学术研究的规范性和严谨性。同时，列明理论出处可以方便读者进一步查阅和了解该理论的详细内容，帮助读者更好地理解研究问题，也为读者进行相关研究提供参考和启示。

第九节 研究设计

一、研究设计写作的特点

讲完了理论，论文写作就进入实证检验部分。首先是研究设计。这个部分大体包括研究方法、样本选择、数据来源，以及变量定义等内容。研究方法的合理性、样本选择的代表性、数据来源的可靠性以及变量度量的准确性对于研究结果的有效性和可信度都具有重要影响。而且，这些内容相互关联，共同构成了研究方案的核心部分，体现了本文解决问题的思路。因此，我们应该在进行研究设计时对这些内容进行通盘考虑。从写作的角度来看，相比于之前的内容，研究设计部分的写作方式更为标准化，因此写作难度相对会低一些，其本质就是对我们所做工作的客观描述。不过，这个部分仍然有一些需要我们关注的要点。以下我们来分别介绍这几个方面的内容。

二、研究设计的具体内容

（一）研究方法

研究方法是指研究者用来解决研究问题的具体方法和手段。常见的实证研究方法包括档案式研究、案例研究、实验研究、调查研究等。不同的研究问题和研究目标需要选择和匹配不同的研究方法。因此，我们需要根据研究问题的特点选择合适的研究方法。对于选定的研究方法，我们首先要简要介绍该方法的内涵和适用范围；同时，要交代清楚本文为什么选择该研究方法，也就是它为什么适用于解决本文的研究问题。

在阐述上述研究思路时，我们要特别注意语言风格。首先，叙述要详略得当。如果是已经很经典的方法或者模型，由于大家都非常熟悉了，我们就可以简化描述。但如果是比较新的研究方法，尤其是本文最先采用的研究方法，因为读者还不太熟悉，所以我们还是需要花一定篇幅去详细地说明该方法的具体操作及适用范围，以便读者能够更为准确地掌握该方法的运用，同时能够体现本文在方法上的创新。其次，对研究方法的描述要简明清晰、客观中立，尽量不要使用"投机性"的词汇，如可能、显然、应该等。如果研究步骤过于复杂，用文字难以表述清楚，则我们可以采用图表的方式来表述。

此外，对于经典的研究方法，我们一定要引用经典文献，也就是该方法的出处。引用经典文献不仅可以表明该方法的权威性，而且可以明确该方法的来源和发展历程，让读者更好地理解其背景和适用范围。

（二）样本选择

样本选择是指从研究总体中选取一部分样本作为研究对象的过程。样本的选择至关重要，它直接关系到研究结果的可靠性和有效性。我们在论文中介绍样本选择时，需要注意以下三个方面。

首先，在选择样本时，我们应该根据具体的研究问题和研究方法来确定抽样方法和样本量的大小。因此，我们需要交代清楚本文为什么选择这种抽样方法以及样本量大小的合理性。具体地，我们应该根据研究问题的特点、研究总体的性质以及研究资源的限制等因素，选择合适的抽样方法；同时，根据研究问题的复杂程度、研究精度的要求以及资源的可获得性等因素，合理确定样本量的大小。

其次，不同研究方法对于样本特性的要求也不同。比如，大样本回归要求其样本选择具有随机性，而案例研究则要求所选案例具有典型性。但无论如何，研究样本都应该具有代表性，要能够反映研究总体的特征，从而使得研究结果能够推广到整个研究总体。因此，在客观描述样本的特征之后，我们也应该说明本文样本的代表性如何。我们可以通过比较样本与研究总体在关键特征上的相似性，或者通过统计分析来验证样本的代表性。

最后，我们对研究样本进行介绍时，要做到客观真实。这意味着不能对样本进行夸大或歪曲，而应该准确地描述样本的来源、数量、统计特征等方面的信息。真实的样本描述是后续结果呈现的必备基础。

（三）数据来源

数据来源是指研究者获取研究数据的途径。研究数据可以通过实地观察、实验结果、调查问卷、文献资料、统计数据等多种途径获取。不论何种途径，数据来源的选择和数据获取的方式应该与研究问题和研究方法相匹配。

我们需要对获取的数据做客观真实的介绍。具体来说，我们是在何时、何地，采用何种抽样方法，从何种途径，搜集了多少份有效数据等。同时，我们还需要说明我们为了获得有效数据所进行的数据清洗和整理工作。

另外，针对有些特殊的研究方法，我们对用到的一些特别的研究材料也需要做补充说明。比如，对于实验研究需要交代实验设计的思路并展示实验材料；对于调查问卷需要提供具体的问卷内容甚至问卷结果；对于内容分析法则需要说明编码表和编码方案等。

（四）变量定义

变量定义是指对研究中所涉及的各个变量进行具体的量化和测度，包括因变量、自变量、中介变量、调节变量、控制变量等。每个变量的度量方式都需要在适当的位置进行说明。尤其是对于某些需要计算才能得出的变量，其计算步骤需要详细讲述。不过，对于那些众所周知的计算过程，如盈余管理、投资效率、企业避税等变量的计算，我们可以放在附录中，不必占用正文篇幅。另外，如果某个变量的度量方式参考了其他文献，我们也需要列出具体的文献来源。同时，针对自己创造的变量度量方式，我们则需要论证这样做的理由。

三、研究设计写作常见问题

在研究设计的写作中，常见的问题有以下四个：

首先，研究方法的错配。也就是说，研究方法不适用于现有的研究问题。这需要我们明确各种研究方法的特点和适用范围，同时要明确研究问题的核心和要点，从而找到二者的最佳匹配。例如，假设研究问题是探讨某一特定历史时期人们的生活方式和价值观念的变迁。如果选择实验法作为研究方法，就会出现错配。因为实验法通常用于研究者可以对在研究对象进行较多干预的条件下研究因果关系，而对于历史时期的生活方式和价值观念变迁，无法进行实验操控。在这种情况下，更适合采用文献研究法、历史分析法等梳理和分析不同历史阶段人们的生活方式和价值观念的特点及变化。

其次，样本选择不合理。具体可能体现在未对样本的代表性进行必要的阐述，以及未对样本量的大小进行合理的论证。

再次，对于重要的研究细节，比如数据来源、重要变量的文献出处和计算过程等披露不够。如果这些重要的研究细节披露不够，读者就无法判断研究的可靠性和有效性，也无法进行后续的研究和应用。

最后，对于有些不太重要的计算步骤或研究过程，细节披露过多。比如对研究对象调研访谈的具体日程安排、实验对象的非相关信息等。对于这些数据，我们可以放在附录中。这样，既不会影响文章逻辑主线，也能够客观体现本文研究的工作量。

第十节　研究结果

一、研究结果写作的特点

论文的下一个部分是研究结果的汇报和讨论。研究结果是作者为了解决研究问题，通过实施研究方案而得到的数据、实验结果、统计分析、文本描述等。研究结果与研究设计一样，属于相对容易写作的部分。研究结果的内容一般包括描述统计和推论统计。描述统计包括样本构成、核心变量的统计特征及变化趋势等。而推论统计则是为了验证研究假设或者判断命题所做的各类统计分析。不论是哪个部分，研究结果的汇报都需要做到客观真实，不能掺杂主观色彩的解读。

在撰写研究结果时，我们应该按照研究问题的逻辑顺序来呈现，而不是按照研究操作的顺序（比如访谈调研的时序、问卷发放的先后、实验进行的次序等）。这样能够更好地体现研究结果的逻辑结构和发展过程。在具体操作时，切记不要罗列和堆砌结果，简单罗列研究结果会让读者感到散乱和无条理。研究结果的呈现顺序应该与研究假设的发展顺序相一致，即按照研究问题解决的顺序来展示。这样能够更好地向读者展现研究问题的解决过程，使研究结果更具有说服力。同时，我们应该对各个结果进行深入分析，探讨它们之间的逻辑联系和可能的因果关系，从而形成更完整和连贯的研究结论。

我们在论文中可以采用多种形式来呈现研究结果，例如图表、表格、文字描述、数学模型等。一般来说，图表的信息传递效果比大段文字更好。图表可以用简洁明了的方式展示大量数据和关系，有利于读者快速理解研究结果。相比之下，长篇的文字描述可能会让读者感到疲劳，不易抓住重点。但是，在使用图表时要记得对其内容进行合理的文字描述和解释。同时，不同表现形式相互配合可以更直观地展示研究结果，同时也能满足不同读者的阅读习惯。

为了使读者更容易理解和接受本文的研究结论，我们需要根据结果的重要性和相关性对所有结果做一些差异化处理。一方面，我们需要对重要结果进行适当总结。即我们需要从众多的结果中选择那些对于回答研究问题最为关键的结果，并对其进行重点呈现和解释。重要结果通常会在较为靠前的位置出现，其所占篇幅也会更多，以确保读者能够充分理解这些重要发现。同时，除在研究结果部分出现外，重要结果也会在文章其他部分，如摘要、引言、结论等部分出现，从而加深读者对论文主要结论的理解。

另一方面，我们需要对结果做出合理的取舍。请同学们牢记，结果的数量不是体现论文工作量的有效手段，过多的结果只会使论文逻辑混乱，影响读者的思路、判断以及阅读体验，起到负面作用。因此，考虑到篇幅限制和信息传递效率，我们需要根据结果的重要性和相关性来对其进行必要的取舍，只选择最关键的结果进行呈现，而不必把统计软件输出、访谈者讲述或者实验室得到的全部结果都包括进来。对于那些与研究问题关系不太密切的结果，我们可以将其放在论文的附录中。

呈现了结果以后，我们还需要对有些结果进行必要的讨论。讨论主要是针对研究结果的解释、分析和评价进行的。在对结果进行讨论时，我们首先需要简要地陈述所要讨论的研究结果是什么。接下来，更重要的，是对比该结果与研究假设或预期是否一致。如果该结果与预期一致，我们需要进一步指出这一结果印证了什么，也就是通过该研究结果，对研究问题做出了哪些肯定性的结论。如果该结果与预期不一致，我们就需要着重探讨可能的原因。因为当结果与预期不一致的时候，读者就会很好奇为什么。而且，这种不一致也许是本文的一个创造性的发现，是本文的重要价值所在。因此，这时候对于结果与预期产生差异的原因解释就一定要令人信服。在解释的时候，我们首先需要排除理论推演和研究设计方面的影响因素。比如，重新审视理论引证是否恰当、模型设定是否合理、实证过程是否正确，等等。如果都没有问题，我们就需要考虑其他可能的影响因素，比如宏观环境和制度的影响、研究场景的特殊性以及样本的特点等。

二、研究结果写作常见问题

对于研究结果的呈现及讨论，这里也总结了同学们常出现的一些问题。

第一，结果难以验证研究假设。也就是说，没有清晰的证据链说明从数据到结论的过程，因而无法得出有效结论。具体表现为：对某些研究问题缺乏数据支撑，或者只谈论数据而不进行展示。换句话说，文中提到作者做了某些工作，但是并没有展示相关结果；或者结果中出现了前文没有定义的概念；再或者针对研究结果缺少必要的稳健性检验，无法充分说明研究结论的可靠性，等等。这些因素的存在，都会降低论文结论的可信度，从而影响整篇论文的学术价值。

因此，我们在撰写论文时，对于研究问题应确保有充分的数据支撑，不能仅仅提出问题而无实际数据分析。对于所提到的结果，我们应通过图表等形式直观呈现，让读者能够清晰地看到数据与结论之间的联系。在概念定义方面，我们必须在论文的前期就对所有相关重要概念进行明确的定义，避免在结果中出现而前文未定义的概念的情况，确保结果与研究问题紧密对应。针对研究结果，我们要进行必要的稳健性检验。我们可以通过改变样本范围、调整变量设置、采用不同的分析方法等多种方式进行稳健性检验，以充分说明研究结论的可靠性。在篇幅受限的情况下，如果不方便展示某些结果，我们一定要在文中明确说明原因，并可以通过附录、补充材料等方式提供给有需要的读者查阅，以提高论文的透明度和可信度。

第二，缺少对争议性结果的必要讨论。这一点同样会引起读者的诸多质疑，削弱文章的科学性。在学术研究中，出现争议性结果是较为常见的情况。然而，如果我们对这些争议性结果视而不见，缺乏必要的讨论，就会给读者留下疑问，进而对文章的科学性产生怀疑。当面对争议性结果时，作者有责任对其进行深入的分析和讨论，这样可以在提高文章的可信度和权威性的同时，为进一步研究提供方向和思路。

第三，缺少对研究对象，比如调查对象、案例企业、实验对象等的最新进展的关注。我们的研究对象所处的环境是瞬息万变的。尤其当我们的研究持续时间比较长的时候，我们用过去的数据得到的结论可能已经丧失了对当前状况的指导价值。因此，我们有必要关注研究对象的最新发展和变化，从而增加论文的时效性和实用性。

第十一节　结论与建议

一、结论与建议写作特点

论文正文的最后一个部分是结论与建议。一般我们对于论文结论部分的质量要求是客观和中肯。要达到这个要求，在开始写作结论之前，我们需要对本文研究的工作进行客观和全面的评价。具体来说，首先，评价的范围要比较全面，至少包括研究问题是否得以有效解决，本文的研究价值及创新之处，以及本文可以改进的地方。其次，我们需要在引言的基础上，结合研究思路，较为深入地思考和评价上述各个方面。在评价时应该做到实事求是，有理有据。

二、结论与建议写作内容

在对我们的所有工作进行客观和全面的评价之后，我们就可以开始写作结论与建议部分了。这一部分要求大家做好以下四个方面的工作：

首先，对整个研究过程中得到的重要结果进行总结和归纳。这包括对研究假设的验证或推翻，对实证结果的概括和总结，以及对研究问题的再次回应。而且，如果本文没有设置专门的讨论部分，那么我们还需要在这里对研究结果进行适当的讨论。

其次，我们需要根据研究结果提出相关的政策建议。政策建议是研究的重要组成部分，它是将研究成果转化为实际行动的桥梁和纽带。这些建议的目标群体就是我们之前讲过的几类业界实体，包括企业、行业、投资者、产业链以及政府部门等。我们要结合各类决策者和从业者的特点与实际需求，提出具有相关性、可行性和针对性的合理建议，从而为优化其决策提供有益参考。

再次，我们还应该客观地归纳和说明本文研究的局限性。这些局限性可能包括研究设计、样本选择、数据来源等方面的限制，或者对研究问题思考的深度和广度有所欠缺。

最后，根据本文研究的结果和发现，我们可以提出一些可供未来研究的问题或方向，以深化对研究问题的理解并拓展该领域的知识。

三、结论与建议写作常见问题

论文结论部分的写作中常见的问题有以下六点：

第一，所分析内容无法得出研究结论。这一点与之前提到的"结果难以验证研究假设"相类似，这可能是因为对研究结果的分析不够深入全面，也可能是因为研究结果与结论之间缺少逻辑关联。因此，我们在提出结论时必须非常小心，必须对所有研究结果进行全面、客观和深入的分析。

第二，对研究结果简单重述，或者换个说法再说一遍，而没有对其进行总结，或者总结不够全面和深入。我们需要对结果和结论做出区分。结果是研究中所获得的实证数据和信息，它是具体的、客观的，反映了研究对象在特定条件下的状态和特征。而结论是对这些结果进行综合分析和总结后得出的综合性意见，它是抽象的、主观的，体现了研究者对研究问题的认识和理解。我们只有通过对结果的深入解释和分析，才能将结果升华为结论，也才能够说明研究问题是否得以有效解决。

第三，研究结论与主题不符。这是文不对题的一种表现。我们应该紧密围绕研究主题和目标，对研究结果进行合理的推论和总结，确保研究结论与主题紧密相关。

第四，研究结论不具有可推广性。研究结论的可推广性取决于研究对象的代表性和研究问题的普遍性。如果在研究过程中，我们没有充分考虑研究样本的代表性、研究方法的适用性、研究场景的可复制性等因素，就可能导致研究结论仅适用于特定的研究对象或情境，而无法推广到更广泛的范围。因此，我们在选题以及研究实施过程中就需要提前考虑这个问题。

第五，政策建议与研究结论无关，或者不具有针对性和可行性。政策建议应该紧密结合本文研究特有的结果和发现而提出，能够切实为相关部门和决策者提供有价值的参考和借鉴。那些放之四海而皆准的"泛泛而谈"无异于隔靴搔痒，对相关领域的实践发展起不到任何推动作用。我们在提出政策建议时，应该紧密结合本文特有的研究结论，针对研究中发现的问题和不足，提出具体、可行的政策措施。

第六，研究的局限性的概括流于形式。我们应该认识到，没有完美无瑕的论文，研究的局限性是普遍并且客观存在的，因而我们需要对其进行全面、深入的分析。研究的局限性可能来自多个方面，如研究方法的局限性、数据的局限性、样本的局限性等。如果我们对研究的局限性的概括流于形式，就无法为后续研究提供有价值的启示。我们所提出的研究的局限性，最好能够为自己或他人的后续研究提供启发，成为进一步研究的切入点。

第十二节 参考文献

一、参考文献的重要性

在讲具体内容之前，我们首先要明确参考文献的重要性，因为这是被很多同学所忽略的。参考文献体现了我们的研究与他人研究之间的联系，从参考文献可以看出我们的"学术品位"与"学术态度"。

一方面，对参考文献的筛选在很大程度上能够体现我们的"学术品位"。这是因为，我们所参考和引用文献的发表级别以及它们的被引数量都是反映这些文献价值大小的重要指标。如果读者看到本文所引用的都是一些低质量的文献，那么其就会默认本文的质量与所引文献是同样的水准。

另一方面，参考文献的著录规范则可以反映我们的"学术态度"。这些规范可以体现在很多方面，比如文献的作者、题目、文献来源、发表时间、期卷号、页码等基本信息的正确性，或者这些文献与本文话题的相关性，还有就是正文中的引文是否与参考文献列表一一对应，等等。对这些细节的关注，恰恰体现了我们对研究的态度。

二、编纂参考文献的要点

明确了参考文献的重要性后，我们再来看看应该如何编纂参考文献。参考文献的编纂有一定的规范，但是参考文献的规范又因为期刊或者文体的不同而有所差异。一般来说，大家需要注意以下几点：首先是要认真阅读所参考的文献，要保证文章中所引用的文献都看过，也就是我们反复强调过的，要阅读第一手文献。其次，对于参考文献的基本信息一定要确认无误，否则会产生不良后果。文中引文和文后目录要一一对应。参考文献的数目与格式较为灵活，数量一般在 30 篇左右，具体格式根据准备投稿的期刊或者学位论文的要求而定。另外，如果用中文写作，英文文献要占一定的比重，以便于发挥中英文文献各自的优势。最后，对于在全文中占有较大比重的文献，应该尽量选取近 3~5 年的文献。当然，经典文献和重要文献的引用则不受时间限制。

三、参考文献编纂常见问题

以下是同学们在编纂参考文献时常见的一些问题：

第一，参考文献整体数量不足。参考文献的数量在一定程度上反映了研究的广度和深度。如果参考文献整体数量不足，则可能意味着作者在进行研究时，没有充分地查阅和梳理前人的研究成果，从而使论文的论证显得薄弱。

第二，英文文献比例过低。这可能会使研究基础局限于国内的研究成果，错过国际上相关研究的最新进展和创新观点。同时，这也可能会影响论文的国际影响力和学术交流价值。

第三，参考文献与正文引文不对应。参考文献与正文引文对应是学术规范的基本要求，体现了作者最基本的学术素养。

第四，参考文献格式不正确。参考文献格式的正确与否直接关系到论文的规范性和专业性。

第五，参考文献过于陈旧。如果参考文献过于陈旧，可能会使研究缺乏时效性和创新性。特别是在一些快速发展的学科领域，过旧的文献可能已经不能反映当前的研究现状和发展趋势。

第六，参考文献质量过低。文献质量过低可能带来研究方法不科学、数据不准确、结论不可靠等问题。基于低质量的参考文献所做的研究可能会得出错误的结论。

以上问题希望同学们在写作时引以为戒。

第十三节 附录和致谢

一、附录

最后，我们还可能会涉及附录以及致谢部分的写作。附录是对论文正文的补充或解释，用来附加额外说明和展示辅助数据的。在研究过程中，我们常常会搜集到大量的数据，也会产生大量的研究结果。其中有些内容虽然对于全面理解研究很有必要，但如果放在正文中，就可能会影响正文的连贯性和流畅性。那些你认为有必要让读者了解但又不太适合放在正文中的材料，可以放在附录中，从而避免影响正文的连贯性。

附录一般来说不受篇幅限制。附录中的内容也可以多种多样，主要包括但不限于访谈对象的文字记录、完整的调查问卷题目、实验中使用的指示信息、复杂的数学计算公式，以及不重要的结果、图表等。

二、致谢

致谢部分是一个相对来说比较个性化的写作空间，你可以完全根据自己的风格和喜好进行撰写。你可以在这个部分感谢对你的写作有所帮助的任何个人或机构，比如为你的论文写作提供了帮助的老师和同学，或者为你的求学生涯及论文写作提供了物质、精神和情感支持的家人、好友等。最后，不要忘记在论文的评审阶段对致谢部分进行匿名化处理。这是为了确保评审过程的公正性和客观性，避免因为致谢部分泄露个人信息而影响评审结果。

第五章
"烹饪"：词汇选用与语句表达

第一节 学术论文语言表达的基本要素

我们一般讲学术论文写作的表达，会讲到词、句、段、篇四个要素。词语是语言的基本单位。我们通过选择准确、恰当的词汇来阐述概念、表达观点。在论文写作中，正确使用词汇可以提高表达的准确性，加深读者对论文的理解。句子是表达思想的基本单元，它通过组合和排列词汇来构建意义完整的表达。在论文写作中，句子的结构、语法和逻辑关系对于传达清晰的思想和观点至关重要。良好的句子结构和流畅的表达可以提高文章的可读性和连贯性。段落是组织思想和论证的单元，它将相关的观点和信息组织在一起。每个段落应该有一个中心思想或主题，作者应围绕这个主题进行展开和论证。良好的段落结构可以帮助读者更好地理解文章的逻辑思路。最后，篇章是指完整论文的结构和组织，包括引言、正文、方法、结论等部分。整篇论文应该有一个明确的目标和中心思想，逻辑清晰地展开和论证观点，从而最终达到预期的目的。良好的篇章结构可以使论文具有条理性和连贯性，使读者更容易理解和接受作者的观点。所以，词、句、段、篇是论文写作中不可或缺的基本要素。选择准确的词汇、构建恰当的句子、组织清晰的段落以及安排合理的篇章结构，能够有效提高论文的表达效果和质量，使读者更容易理解和接受论文的内容和观点。

概括来说，前两个要素，也就是词语和句子，是我们表达思想的最基本要素，因此这两个方面的内容其实也是学术论文的语言特点，这是本章所涉及的内容。后面的段落构造和谋篇布局会涉及写作风格，我们将会在后面的章节逐步学习。

第二节 学术论文的语言特点

学术论文的语言应该具有什么特点呢？第一，客观。第二，精确。这两个方面的特点是论文选词应该具备的特点。第三，鲜明。第四，流畅。这两个特点是论文语句表达方面的特点。接下来，我们就分别从词汇选用和语句表达两个方面，来详细地讨论一下这些语言特点的具体含义。

一、词汇选用

学术论文语言的前两个特点——客观与精确，是论文选词方面的特点。我们首先就这两个方面的特点，重点讲一下词汇选用所需注意的问题。

（一）用词的客观性

词汇选用的第一个特点是客观性。学术论文要求使用客观的语言来表达观点和呈现研究结果，避免主观臆断或个人情感的干扰。使用客观语言意味着要通过事实、数据和证据来支持论点，而不是依赖个人感受或情绪。客观的语言能帮助读者更好地理解作者的立场，并使论文更具可信度和科学性。简单来说，你要表达的内容，是什么就写什么，你只需要客观地描述它的特征就好。

用词的客观性首先要求同学们尽量少用诸如"我""我们"等第一人称的称谓，或者"笔者"这样的自我意识较强的称谓，而尽量使用"本文"等客观性词汇。不过，请大家注意，这里是说少用，并不等于不能使用。我们讲的是一般原则，并不是规定。

用词的客观性还要求我们少用"猜测""推测"等推断性词汇。当然，科研论文有时候需要对结果或者未来的研究方向做预测，这时候可以适当使用"预计""预测""预估"等词汇。但是在使用时，一定要注意在上下文中强调你做出预测的客观理由，以增加表达的客观性。

另外，用词的客观性还要求我们在学术论文写作中尽量少用夸张、双关、反讽、隐喻、比拟等修辞手法。事实上，这些修辞手法的使用基本上都是为了增强表达效果，增加作品的文学艺术性。而学术写作有另一套话语体系，力求有理有据、精准简洁地描述一个科学现象，表达一个科学观点，而文学效果和精准简洁有时候是矛盾的。例如，夸张等修辞手法就与精准表达相矛盾；而双关、反讽等叙述方式，如

81

果用在鲁迅的杂文里，可以体现作家的聪明睿智和风趣幽默，但如果用在学术论文里，则容易引起歧义和误解，这是学术写作的大忌。举个例子，如果你的论文中出现了类似于"我家门前有两棵树，一棵是枣树，另一棵还是枣树"这样文学化的表达方式，或许能够帮你降低论文查重率，但是对论文表达的效果毫无帮助，甚至产生负面作用。

此外，我们在学术论文中也几乎不用成语和俗话，因为大部分成语和俗话都带有修辞手法，与客观性不符。科学问题本身已经够复杂了，如果还使用过多的修辞，就会不利于读者精准地理解科学现象。所以，我们写作的目标一定是帮助读者理解一个科学现象，而不是为理解制造语言上的障碍。总之，我们要想把论文写好，就先要抛却在中小学语文课上学到的文学创作的固有范式，在语言上追求精准、简洁的表达。

讲到这里，有同学可能要问，我们在第四章中讲论文标题时，说标题可以适当采用一些修辞，这一点怎么理解呢？请同学们注意，标题也应该具有客观性，这一点毫无疑问。但是，标题作为文章的灵魂，是一篇文章最能吸引眼球的部分，为了达到引人瞩目的目的，我们在标题中可以适当采用一些修辞手段。然而，我们现在所讨论的是论文正文的词汇表达，其在正文一定要做到客观真实，以确保论文的严谨性和科学性。

（二）用词的精确性

词汇选用的第二个特点是精确性。在学术论文中，精确的语言至关重要，它要求使用准确、明确的词汇来阐释概念、传达观点，坚决避免模棱两可或含糊不清的表达，以防产生歧义和误解，确保论文的表达准确无误，从而使读者能够更轻松地理解作者的意图。

具体来讲，用词的精确性至少涵盖以下三个方面的含义。

第一，用词需符合事实。这意味着，我们要依据实际情况或者实际数字等进行描述，确保准确无误；并且，应尽量减少使用"大约""左右""大致""约为"等不精确的词汇。只有以事实为依据进行精准的表述，才能增强论文的可信度和说服力。

第二，用词要符合语法。其中最为常见的错误当属"的""地""得"的用法。其一，"的"后面连接的都是表示事物名称的词语。"的"前面的词语通常用于修饰、限制"的"后面的事物，用以说明"的"后面事物的状态。其结构形式一般为：修饰、限制的词语+的+名词。其二，"地"后面跟的都是表示动作的词语。"地"前面的词语一般用来形容"地"后面的动作，表明"地"后面的动作的情况。其结构形式一般为：修饰、限制的词语+地+动词。其三，"得"前面多数是表示动作的词语，少数是形容词。"得"后面的词语一般用来补充说明"得"前面的动作的状态。其结构形式一般为：动词/形容词+得+补充、说明的词语。此外，还有表示并列、转折、因果、对比、假设、目的、补充、递进等逻辑关系的连词和副词，其用法我们也需格外注意，务必使其与文章所要表达的逻辑关系匹配一致，以保证语句的通顺和逻辑的严谨。

第三，用词要符合语义。也就是说，我们必须对所用词汇的真正含义有正确的把握。对于那些拿不准的词汇，我们一定要通过多种方式确定其正确的用法，以免闹出笑话。比较常见的错误有谦敬错位。例如，在论文写作及答辩过程中使用"感谢聆听""请您拜读""向您垂询"等词语，就属于没有弄清楚这些词语是敬辞还是谦辞。

还有一些近义词由于含义非常相近，使用起来可能会似是而非。比如"阐释"和"诠释"，都有"解释、说明"的意思，但其适用的语境有所不同。例如："这位学者对该理论进行了深入阐释，从多个角度分析了其内涵和价值"，这里"阐释"更侧重对理论进行较为系统、全面的讲解和说明；而"他的新作对这一哲学概念作出了独特诠释，赋予了其新的意义"，这里"诠释"则更强调结合自身的理解和感悟对事物进行个性化的解读。再比如，这两个英文单词"accomplish"和"achieve"，都有"实现、完成"的意思。但将它们置于具体的语境中，情况就会大不相同。例如："You can accomplish a task through hard work, but you achieve a dream through perseverance and passion."这句话就很好地诠释了这两个近义词的特殊含义。

另外，有些词语的使用还会出现褒贬不一的情况。例如："过高的经营风险可能会提升企业资本成本。"这句话中，资本成本对于资本使用者企业来说显然是越低越好，而"提升"则是一个褒义词，和"资本成本"搭配明显不合适。再如："限制地方政府税收竞争最有用的手段就是压缩地税局的征管范围，由国税系统逐步蚕食地税系统。"同样，"蚕食"一词有侵占、侵蚀的含义，放在中性的语境中也不合适。

在论文写作中，我们要仔细辨析词汇的语义，选择最恰当的词汇来准确表达我们的思想。

二、语句表达

学术论文语言的后两个特点——鲜明与流畅，是语句表达方面的特点。我们接下来就这两个方面的特点，重点讲一下语句表达中所需要注意的问题。

（一）语句的鲜明性

我们来看语句表达的第一个要求——鲜明性。学术论文要求使用鲜明的语言来阐述观点和展示论证过程，避免含混不清的表达。鲜明的语言意味着所要传递的信息较为明确、重点较为突出、没有无关信息、没有歧义、语序正确且语态使用合理。关于语句表达的鲜明性，主要包括六个方面的内容。

1. 传递明确信息

语句表达鲜明性的第一个方面是传递明确信息，也就是注意所传递信息的权重。在表述中加入不同的成分，会起到改变信息权重的作用，但这取决于作者的表达需求。我们来看几个对比的例子：

例：经济学期刊的平均影响因子是 0.8，分子生物学的平均影响因子是 4.8。

经济学期刊的平均影响因子是 0.8，而分子生物学的平均影响因子是 4.8。

经济学期刊的平均影响因子是 0.8；相比之下，分子生物学的平均影响因子是 4.8。

第一句，经济学期刊的平均影响因子是 0.8，分子生物学的平均影响因子是 4.8。显然前后内容的权重是一样的。

第二句，在两个半句中间加了一个连接词"而"，通过转折把权重引向了后面的部分。那么，后半句信息应该是作者想要强调的。但是，强调的程度不是特别高。

第三句，在讲完了前半句之后，加了分号，然后用了一个副词短语"相比之下"，这样就把信息权重很明显地引向了后半句。

请同学们对比这三种不同的表达，并且思考它们分别应该应用在什么样的语境之中。

2. 避免歧义

语句表达鲜明性的第二个方面是避免歧义。这一点，相信同学们在中学语文课上已经学过了。我们在这里再一次提到这个问题，是因为它在同学们的论文中还普遍存在。很多时候是因为同学们没有注意这个问题。那么，为了避免歧义，有哪些需要我们注意的地方呢？

第一，正确断句。断句的位置不同，造成的结果也不同。例如："审计报告指出公司资金使用违规需重视并整改。"这句话有两种不同的断句理解。一种是"审计报告指出，公司资金使用违规需重视并整改"；另一种是"审计报告指出公司资金使用违规，需重视并整改"。这就是断句的位置不同造成了不同的理解。

第二，慎用省略。例如："财政部发布了新会计准则指引。"这是指针对新会计准则的指引还是针对旧会计准则的新指引呢？

第三，注意一词多义。例如："A 公司的利润高于 B 公司。""利润"一词可以指经营利润、利润总额、息税前利润、净利润等，究竟指哪一个需要明确。

第四，注意一词多性，也就是同一个词有不同的词性。例如："他瞒着总经理和部门经理参加了拍卖会。"这里的"和"字可以是介词，也可以是连词，不同词性会导致不同的理解。当"和"字作为介词时，意思是他和部门经理一起瞒着总经理参加了拍卖会。而当"和"字作为连词时，把总经理和部门经理连起来的时候，意思是他瞒着总经理和部门经理两个人，独自参加了拍卖会。

第五，注意多音字。例如："总经理很好说话。"这句话中的"好"字读作三声和四声的时候，语义是完全不同的。

第六，注意数量的限定范围。例如："两个 IT 公司的员工来参加培训。"这里是指来自两家不同公司的众多员工呢？还是两位可能来自同一家公司的员工呢？

第七，要注意指代明确。例如："这笔款项的风险较高，需要进行评估。"这里是指需要对该款项的风险进行评估，还是对该款项的整体特征进行评估，没有指明。最后这一点，是同学们在论文中最容易犯的错误。

3. 注意语序

语句表达鲜明性的第三个方面是注意语序。很多时候我们出现语序错误，是因为我们在口语中本来就不太注意，同时又没有把口语和书面语有效区分开。请大家注意，中文的正常语序一般是"主语—谓语—时间状语—地点状语—宾语"的顺序。例如："本文分析了 20 世纪 50 年代德国的失业率情况。"

另外，请同学们注意中英文语序的对比。英文的正常语序一般是"主语—谓语—宾语—地点状语—时间状语"。那么，我们把刚才那句话翻译成英文，合理的语序就应该是"This paper analyses the unemployment in Germany in the 1950s"。希望同学们在进行中英文写作的过程中加以区分。

4. 改变语序表示强调

语句表达鲜明性的第四个方面是改变语序表示强调。我们刚才讲过，通过增加某些句子成分，可以改变信息的权重，表示强调。这里，我们也可以通过改变语序来表示强调。请大家对比这句话。第一句："德国 20 世纪 50 年代失业率有所上升。"这句话是对客观现象的描述，没有特别强调某个信息。第二句："20 世纪 50 年代，德国的失业率有所上升。"这句话通过把时间状语提前，强调了德国失业率上升的时间。或者说，这句话以 20 世纪 50 年代作为讨论话题，后面阐述了这个时间发生的事情。第三句："在德国，20 世纪 50 年代失业率有所上升。"这句话通过把地点状语提前，强调了失业率上升的地点。或者说，这句话以德国作为讨论话题，后面阐述了这个国家的一个具体情况。请同学们注意，一般前置的内容是需要强调的部分，我们可以根据需要灵活处理。还要提醒大家的是，在改变语序的时候，我们要注意逗号的正确使用，以增强信息表达的鲜明性。

5. 平衡主动与被动

语句表达鲜明性的第五个方面是平衡主动语态与被动语态。一般来说，主动语态的语言风格较为生动活泼；而被动语态相对来说则会给人以客观、简明的印象，这一点非常符合学术论文的语言特点要求。因此，与口语中经常使用主动语态相比，被动语态更多地被使用在书面语中。我们读到的很多学术论文都习惯性地使用被动语态。尤其需要注意的是，被动语态对于呈现研究发现和讨论研究结果起着十分重要的作用。

然而，被动语态的过度使用也会给读者带来困惑。首先，由于主动语态几乎不损失必要信息，而被动语态把动作的实施主体隐藏起来了，因此过度使用被动语态有时会造成关系不明和指代不清的问题。例如，我们把这样一句话，"研究者在问卷中发现了难以解释的相关性"变成"难以解释的相关性在问卷中被发现了"以后，执行动作的主体（也就是研究者）就消失了。再如，在"职业培训在公共部门被广泛实施"这句话中，被动语态无法提供充分的信息，但这句话最好能提供是谁实施了培训、何时何地以及频率如何等细节。其次，被动语态还容易产生过分复杂和别扭的长句子，如果持续使用被动语态，语句表达可能会变得冗长难读，使得文章信息难以准确传达给读者。最后，过度使用被动语态会使我们文章的写作风格过于平淡乏味。因此，我们在文章中应该注意平衡主动语态和被动语态，根据需要灵活运用，从而保持句子信息的鲜明性。

6. 避免与主题无关的信息

语句表达的鲜明性的第六个方面是避免出现与主题无关的信息。当然，关于这一点，我们将在下一章中讲到。

这里我们先来看一个例子。请大家阅读下面这段文字，并尝试修改，注意辨别无关信息。

例：完善的业绩评价体系有助于正确评估企业经营活动绩效，帮助企业发现问题，明确问题的责任归属，最终达到提升企业业绩，增强企业综合竞争力的目的。

不同的企业经营模式以及财务状况都不相同，因而适用的业绩评价模式也大不相同。不同的业绩评价模式具有不同的特点和使用范围。对于业绩评价模式最典型的划分方式是以不同评价指标为划分标准，将业绩评价系统划分为三种模式，即财务模式、价值模式和平衡模式。

下面列出了一个修改后的例子。请大家参照这个例子，和自己修改后的结果进行对比学习。

修改后：完善的业绩评价体系有助于正确评估企业经营活动绩效，帮助企业发现问题，明确问题的责任归属，提升企业业绩，增强企业综合竞争力。业绩评价体系按照不同评价指标可以划分为三种模式，即财务模式、价值模式和平衡模式。

首先，我们把"最终达到提升企业业绩，增强企业综合竞争力的目的"改成了"提升企业业绩，增强企业综合竞争力"。因为这个表述就暗含了目的，所以我们不需要额外的表述。其次，"不同的企业经营模式以及财务状况都不相同，因而适用的业绩评价模式也大不相同。不同的业绩评价模式具有不同的特点和使用范围。"这样的信息是显而易见的，而且与本段文字所要提供的信息无关，因此应该剔除。最后，"对于业绩评价模式最典型的划分方式是以不同评价指标为划分标准，将业绩评价系统划分为三种模式"，这样的表述也很啰嗦。因为这个段落只为读者提供了一种业绩评价体系的划分方式，因此不用特别强调最典型的划分方式。我们可以直接表述为："业绩评价体系按照不同评价指标可以划分为三种模式，即财务模式、价值模式和平衡模式。"请大家再读一遍这个修改后的例子，是不是可以更多地把注意力集中在句子所提供的信息上面了呢？

（二）语句的流畅性

接下来，我们来看语句表达的第二个要求——流畅性。学术论文要求使用流畅的语言来展开思路和传达信息，避免晦涩难懂或过于复杂的表达。流畅的语言意味着使用清晰、简洁的句子，以确保论文的逻辑连贯和阅读的顺畅性。关于这一点，我们分六个方面来讲解。

1. 明确主谓

语句表达流畅性的第一个方面是主谓明确。也就是说，一句话表达出来之后，我们要能够分清到底是谁做了什么事。通常来讲，一句流畅的表达应该是主语、谓语清晰，谓语、宾语清晰；而当读者难以辨别主谓或谓宾成分的时候，读起来就会很难受。

例如："走在街上，呼吸新鲜空气。"在这个例子中，句子中缺少明确的主语，无法确定是谁在实施该动作，句子的意思不明确，读者也无法理解作者的意图。为了使句子更清晰明了，作者需要添加明确的主语。当然，这是一个短句，可能不太影响阅读。但是，当有大量长句出现并且句子中充满了专有名词的时候，差别就比较大了。

下一个例子："为了避免极端高温影响，学校停课了"，这样的表达就比较清晰，可以看到，动作的实施主体是学校。

关于主谓的辨别，我们来看一个练习。请大家阅读以下文字，并尝试修改——明确这段话的主谓结构，使表达更加流畅。

例：因为一个企业的风险除了受到宏观环境的影响之外，还会受到其他因素的影响，例如制度环境、组织制度以及管理者的性格特征和处事风格的影响。国家的文化特征按照行为金融学的理论可能通过影响制度环境的建设，组织制度的设计甚至管理者的处事方式来直接和间接地影响到企业风险。

对于这段文字，我们读起来很困惑，因为我们不知道它主要在讲什么话题。换句话说，这段话的核心主谓关系被深深地隐藏在长句子中了。因此，我们首先要把这段话的主谓关系找出来。我们仔细分析一下就会发现，这段话的核心是说：国家的文化特征可能会影响企业风险。其他的信息则是对这个核心信息背后原因的解释。也就是说，这段话其实是构建了一个"国家文化特征—其他因素—企业风险"的逻辑链条。因此，大家只要理清这个链条，然后把主要信息提取出来，再把其他信息一点一点地附加上去就可以了。那么，我们可以怎样修改呢？

这里给大家列出了一个修改后的例子，请大家参照这个例子，和自己修改后的结果进行对比学习。

修改后：按照行为金融学的理论，国家的文化特征可能会影响企业风险。这是因为，一个企业的风险除了受到宏观环境的影响之外，还会受到其他因素的影响，例如制度环境、组织制度以及管理者的性格特征和处事风格。而文化特征则可能通过影响制度环境的建设，组织制度的设计甚至管理者的处事方式来直接或间接地影响企业风险。

首先，这段话的核心是国家文化特征会影响企业风险，我们开门见山，把它放在句首；同时，可以把它的相关信息拿过来"包装"一下，也就是原文提到的"按照行为金融学的理论"。这个理论是核心信息的来源，我们可以把它们放在一起。

接下来，就是对这个核心信息背后的原因进行解释了。这个解释又具体分为两个方面：第一是企业风险会受到很多因素的影响；第二是国家文化特征会影响这些因素，进而影响企业风险。现在的逻辑是不是清晰多了呢？

2. 合理断句

语句表达流畅性的第二个方面是断句要恰当合理。我们之前讲过，断句的位置不同，一句话的含义也会相应地变化。同时，断句的频率也会影响一句话的流畅性。关于合理断句，我们主要强调两点：

第一，句子成分要合理分开，不要使用过长的句子。具体来说，主语和宾语的修饰成分要单独表述。我们刚才讲了中文的正常语序，大家可能注意到了，在中文里修饰主语和宾语的定语以及修饰谓语的状语，都是放在被修饰成分之前的。这时候，大家就要注意，当修饰成分比较短的时候，正常语序没有问题。但是当这些修饰成分过长，甚至是一句话的时候，我们就需要把这部分信息单独拿出来进行叙述。

第二，注意标点符号的合理插入。在中文里，逗号的使用频率比较高，远高于英语。因此，大家要注意逗号的合理使用，这对于帮助读者理清句子逻辑很有帮助。

我们来看一个例子。请大家阅读以下文字，并尝试修改。请注意，这段话其实是一个句子。请大家尝试对它进行合理断句，以使表达更加流畅。

例：正确认识我国合资企业利用外资过程中由于合资双方不同的文化背景而形成的文化差异的形成原因以及由于合资企业不同文化之间的冲突所导致的企业风险并加以合理利用与治理对国家相关部门优化推进落实共建"一带一路"倡议并有针对性地提高我国合资企业投资效率具有积极的学习和借鉴作用。

首先我们可以把这句话中的核心内容找出来，也就是：正确认识文化差异和企业风险，有利于推进落实共建"一带一路"倡议，并提高合资企业投资效率。那么，我们可以先把这些核心内容作为主线，然后再把它们的定语以短句的方式加上去。

这里给大家列出了一个修改后的例子，请大家参照这个例子，和自己修改后的结果进行对比学习。

修改后：我国合资企业利用外资过程中，合资双方不同的文化背景会形成文化差异。同时，合资企业不同文化之间的冲突也会导致企业风险。正确认识该种文化差异形成的原因以及文化冲突的后果，并加以合理利用与治理，有利于国家相关部门优化推进落实共建"一带一路"倡议，并对提高我国合资企业投资效率有积极的学习和借鉴作用。

首先，这段话提到的两项重要内容是文化差异和企业风险，那么这两个重要的信息点需要分别来进行阐述。其次，原句中这两项内容前面都有很长的定语，而这些定语的内容恰好是文化差异和企业风险产生的原因或者来源。那么，我们可以把这些定语改为主谓结构：合资双方不同的文化背景会形成文化差异；合资企业不同文化之间的冲突也会导致企业风险。这是对原句前半段信息的处理。后面的信息是前面信息的后果。所以，我们接下来就可以很顺畅地阐述：正确认识上述两点并加以利用，就可以达到推进落实共建"一带一路"倡议，并提高合资企业投资效率的效果。请大家对比一下这句话修改前后的顺畅程度。

3. 注意前后连接

语句表达流畅性的第三个方面，是注意前后的逻辑连接。关于这一点，最重要的就是连接词语的合理运用。连接词语包括连词和连接副词，请大家在平时的学习过程中注意积累。

需要提示大家的是，对于含义相近的连接词语，我们要注意区分它们之间细微的语义差别。比如，因此、所以和因而都可以表示因果关系；然而和但是都可以表示转折关系；虽然和尽管都可以表示让步关系，但程度各不相同，需要体会其细微差别并正确使用。

我们来看一个例子。请大家阅读以下文字，并尝试修改。在修改时，请尝试在句子之间加入合理的连接词，以使得表达更加流畅。

例：并购是内创业的一种重要方式。并购成功率普遍很低，组织中人力资源因素比财务因素更容易导致并购失败。人力资源整合问题成为并购运作中的关键问题。人力资源整合的核心是知识员工的整合；创业型并购需要实现创业目标。根据知识基础观点，内创业过程是扩展和更新组织知识的过程，并购则能够通过获取对方的知识及知识员工而增加企业的知识基础。创业型并购特别需要获取知识员工，知识员工整合风险问题就成为创业型并购中需要关注的重要问题。并购是一个包含不同阶段的过程，每个阶段有不同的整合问题和策略，不同阶段的知识员工整合风险也会不尽相同。基于过程视角，对并购不同阶段的知识员工整合风险进行探讨就非常必要。以往相关文献主要对后并购中的人员离职等问题进行了深入分析，尚欠缺基于过程视角的并购整合风险及其成因的研究。

这里列出了一个修改后的例子，请大家参照这个例子，和自己修改后的结果进行对比学习。

修改后：并购是内创业的一种重要方式。但是，并购成功率普遍很低，并且组织中人力资源因素比财务因素更容易导致并购失败。因此，人力资源整合问题成为并购运作中的关键问题。这是由于，一方面，人力资源整合的核心是知识员工的整合；另一方面，创业型并购需要实现创业目标。根据知识基础观点，内创业过程是扩展和更新组织知识的过程，并购则能够通过获取对方的知识及知识员工而增加企业的知识基础。由于创业型并购特别需要获取知识员工，因而知识员工整合风险问题就成为创业型并购中需要关注的重要问题。然而，并购是一个包含不同阶段的过程，每个阶段有不同的整合问题和策略，不同阶段的知识员工整合风险也会不尽相同。那么，基于过程视角，对并购不同阶段的知识员工整合风险进行探讨就非常必要。但是，以往相关文献主要对后并购中的人员离职等问题进行了深入分析，尚欠缺基于过程视角的并购整合风险及其成因的研究。

第一句话说并购很重要，接着说并购成功率普遍很低。这两句话的意思有转折意味，应该加入"但是"。并购成功率低，后面说这些因素都会导致并购失败，这些因素显然是对并购成功率低的具体阐述，应该加入"并且"。后面紧接着说人力资源整合问题成为并购运作中的关键问题，这是前面提到的人力资源因素更容易导致并购失败的自然结果，应该加入"因此"。后面的句子在阐述人力资源整合为什么重要，是对前面论点的进一步解释，可以加入"这是由于"。但这些原因不止一条，我们可以以分号为界，分别在其前后加入"一方面"和"另一方面"。下一句话，创业型并购特别需要获取知识员工，这句话是对前面信息的重述，而它又是后面这句话"知识员工整合风险问题成为创业型并购中需要关注的重要问题"的原因，因此在这里我们可以加入"由于"和"因而"。下一句的"并购是一个包含不同阶段的过程"是新的信息，而且语义上有轻微转折含义，可以加入"然而"。后面的"基于过程视角……非常必要"，是一个非常自然的结果，可以加入"那么"。最后，以往相关文献欠缺基于过程视角的并购整合风险及其成因的研究，是一个比较强烈的转折，可以加入"但是"。

4. 明确指代对象

语句表达流畅性的第四个方面，是指代对象需要明确。我们前面讲过，指代不明会引起歧义。这里我们可以看到，指代不明，也会影响句子的流畅性。

我们来看一个例子。请大家阅读以下文字，并尝试修改。

例：外科医生们必须要记得，他们的病人非常关心他们的诊断与治疗，但他们常常不敢开口去问，因为他们害怕他们所讲的情况很严重。

我们可以看到，这句话中有医生和病人两个对象。但是，"他们"这个代词的多次出现，让我们不清楚其到底指代的是谁。我们可以怎样修改呢？

这里列出了一个修改后的例子，请大家参照这个例子，和自己修改后的结果进行对比学习。

修改后：外科医生必须要记得，他的病人们非常关心他们的诊断与治疗。但病人们常常不敢开口去问，因为他们害怕医生所讲的情况很严重。

首先，我们可以减少"他们"这个代词的出现频次，把其中的有些代词替换为所指代的名词，比如"医生"或"病人"；其次，我们可以通过使用不同的代词单复数来区分两个对象，即"他"或者"他们"。

5. 平衡名词化与动词化

语句表达流畅性的第五个方面，是名词化与动词化的平衡。名词化和动词化各有其特点，也各有其作用。具体来说，一方面，名词化有助于将口语转化为书面语。因此，名词化可以使我们的学术论文表达更加符合文体要求。我们来看一个例子。下面这句话："如果你在提交论文之前认真修改每个章节，你就有可能拿到好的分数。"这显然是一个动词化的表达。这样的表达风格偏口语化。但是如果把它改为一个名词化的句子："提交论文之前认真修改每个章节将提高你获得高分的概率。"这样的表达则更加符合书面语的特点。

另一方面，动词化有助于清晰简洁的表达。尤其是当我们需要处理包含了很多信息的长句子的时候，动词化会显著减少读者的困惑感，提高信息传递的效率。我们再来看一个例子。下面这句话是名词化的表达："内部控制的正确实施通常被认为是促进企业履行社会责任的有效手段。"这句话本身没有任何问题。但如果我们把它改为动词化的表达："正确实施内部控制通常被认为能够有效促进企业履行社会责任。"读起来是不是显得更清晰了呢？

通过上面的例子我们不难发现，名词化和动词化的表达各有千秋，这就要求同学们在具体表达的时候做好平衡。

6. 平行内容语义结构一致

语句表达流畅性的第六个方面，是平行内容的语义结构需要保持一致。也就是说，并列的句子之间，语义结构应该保持一致，否则会影响表达的流畅性。请注意，这里说的"并列的句子"，并不仅仅指我们通常说的狭义的"并列句"，还包括那些在语义上存在并列关系的句群。

我们来看一个例子。请大家阅读以下文字，并尝试修改。

例：世界各国的环境税政策主要经历了三个阶段：第一阶段是理论向实践转化时期，部分发达国家开始征收排污税，"污染者付费"原则得以初步践行；第二阶段是快速发展时期，环境税政策在经济宏观调控的地位和作用明显提升，以 OECD 为代表的经济体，其环保战略开始由"末端治理"转向"源头管控"；第三个阶段主要从 20 世纪 90 年代开始，环境税的"双重红利"假说在改革过程中发挥了重要作用，各国积极进行"绿色税制"改革，这是全面完善时期。

这段话读起来很不顺畅。原因在于，这段话对于"第一阶段"的叙述，其语义结构为阶段名称、主要行动、作用意义；"第二阶段"的语义结构为阶段名称、作用意义、主要行动；"第三阶段"的语义结构为时间标志、作用意义、主要行动、阶段名称。由此可见，本段文字对于三段平行内容叙述的语义结构并不一致，因而导致读者理解的困难。

这里列出了一个修改后的例子，请大家对比这个例子与原来的文字，看看是否变得更为流畅。

修改后：世界各国的环境税政策主要经历了三个阶段：第一阶段是理论向实践转化时期，部分发达国家开始征收排污税，"污染者付费"原则得以初步践行；第二阶段是快速发展时期，以 OECD 为代表的经济体，其环保战略开始由"末端治理"转向"源头管控"，环境税政策在经济宏观调控的地位和作用明显提升；第三个阶段是全面完善时期，各国积极进行"绿色税制"改革，环境税的"双重红利"假说在改革过程中发挥了重要作用。

在修改后的例子中，"第二阶段"的作用意义和主要行动互换了位置；"第三阶段"的时间标志被删除，阶段名称放在了最前面，同时作用意义与主要行动互换了位置。经过修改，三个阶段的语义结构都变为阶段名称、主要行动、作用意义，提高了表达的流畅度。

第六章
"佐料"：段落与连贯

第一节　段落构造概述

什么是段落呢？我们先来看一下定义。段落是文章中具有相对独立性的、以一定的逻辑顺序组织起来的、表达一个相对完整意思的语言单位。段落是由句子组成的，它是很多句子的集合。但是，这些句子不是随便选取的句子，而是都有一个共同的特点，那就是与某个特定的主题有关。而且，这些句子也不能随意堆砌，而是要按照一定的逻辑顺序来排列，由这样的一些句子构成的集合才叫作段落。

接下来，我们对段落的特点进行归纳总结。对于构成段落的句子，按照它们的职能属性归类，我们可以发现，段落不论长短，一般来说，都包含这三个要素：主旨句、支撑句和结论句。顾名思义，大家都能明白这三个要素的含义。需要注意的是，这三个要素的排列顺序不一定是按照主旨句、支撑句、结论句这样的顺序，有时候主旨句可能在中间，或者最后。

那么，由这三个要素构成的段落有什么特点呢？我们对段落进行创作的时候，需要把握段落的语言特点，也就是统一性、发散性以及连贯性。把握段落的这三个特点有助于我们组织语言和表达思想，使论文内容更加具有逻辑性和可读性。我们知道，段落常常有两种写法：一种是自上而下，就是从事先确定好的大纲开始，然后再确定其他内容。另一种是自下而上，就是先随心所欲地写论据，之后再对段落进行归纳，提炼主题。但无论是哪种写法，最后写出来的段落都包含上述三个要素，同时也都具有上述三个特点。

下面，请大家思考一下，段落的这三个特点和刚刚提到的三个要素有什么关系呢？

我们来看一下刚才讲到的段落的三个要素，也就是三种职能的句子。这三种句子既是段落的构成成分，同时也承载了段落的三个特点。具体来说，主旨句和结论句，一般都具有统一性的特点；而支撑句，一般要求它们具有发散性。而且，整个段落的连贯性，也基本上是通过支撑句来体现的。因此，整体来看，由主旨句、支撑句和结论句三个要素构成的段落就像是一个灯笼，前后保持简洁，而中间则内容丰富！

我们在具体讲解之前，先来看一个例子，请大家阅读这段话的内容，找出哪句是主旨句，哪句或者哪些句子是支撑句，哪句是结论句。

例：中国作为经济转型国家，高质量的发展离不开绿色创新。然而，当前我国的绿色创新仍存在不足，企业绿色创新布局亟待加强（方先明和那晋领，2020）。由于绿色创新具有"双重外部性"，其准公共品特征决定企业层面的供给天然不足（齐绍洲 等，2018）。同时，绿色创新在研发、实用化和商业化各个阶段存在很高的不确定性（马骏 等，2020）。因此，企业绿色创新行为需要政府的引导和市场的激励。

在这个例子中，三种类型的句子还是很清晰的。"中国作为经济转型国家，高质量的发展离不开绿色创新。"这句话应该是本段的主题句，因为它引出了本段所讨论的话题——绿色创新。"然而"后面的这句话对主题进行展开，对"我国的绿色创新"进行定性，说明其存在不足，需要加强。后面两句话则通过阐述绿色创新的两个特性，进一步解释我国的绿色创新为何存在不足。结论是什么呢？就是最后一句话："绿色创新需要政府引导和市场激励。"这样的一段文字，从句子职能的角度来讲，就是完整的。

第二节 段落要素

接下来，我们详细地讲解一下这三类句子要素以及相关注意事项。

一、主旨句

主旨句是一个段落中最重要的句子，它提示了段落的主要内容。由于一个段落一定要包含一个主题思想，但是只能有一个主题思想，那么，每个段落就必须有主旨句；而且，只能有一个主旨句。因此，主旨句承载了段落的统一性。

从内容上看，主旨句一定要包括两个基本要素：第一是主题，也就是所谈论的话题；第二是观点，也就是作者对所谈论话题的判断。从位置上看，主旨句一般出现在段首，但是个别时候也会有例外的情况。我们来看几个例子。

第一句话："开车需要技巧以及警觉性。"这句话是否适合作为一个段落的主旨句呢？适合。因为首先它有主题，也就是"开车"；其次它有作者的观点或判断，也就是"需要技巧和警觉性"。

第二句话："辛亥革命发生于1911年。"这句话作为主题句就不合适了。因为它只有主题（辛亥革命），但是缺少作者对辛亥革命这个话题的观点或者判断。请注意，这句话不能用作主旨句，但并不代表它不能出现在段首，只是这句话所在的段落中应该有其他句子来作为讨论的主旨。

我们把第二句话修改一下，改为："发生在1911年的辛亥革命传播了民主共和理念。"这样就可以作为主旨句了。因为它包含了作者对于"辛亥革命"这个主题的观点，也就是"传播了民主共和理念"。

关于主旨句，非常需要提示同学们注意的是，主旨句既不能太抽象，也不能太具体。太抽象和太具体都是同学们在写作的时候很容易出现的错误。我们来看几个例子。

第一句："这里的食物非常难吃！"这句话对难吃的解读过于抽象，尽管它含有主题和观点，但仍然不太适合作为一个主旨句。

第二句："这里的食物无味且不健康，因为这里的人很懒，他们在做饭的时候使用很多罐装食品和速冻食品，不使用新鲜食材。"这句话也不适合作为主旨句，因为它太过具体，讨论了关于主题过多的细节！如果以它作为主旨句的话，读者将不知道这段话主要在讨论什么问题。请大家牢记，提供细节的论据并展开讨论，这是支撑句的任务。

我们来看最后一句话："这里的食物无味且不健康。"这句话同时包含主题与观点，而且既不太抽象也不太具体，因而适合作为段落的主旨句。

二、结论句

结论句通常以"总之"等词作为开头，它是对整个段落内容的总结和提炼，通常标志着一段话的结束。结论句可以呼应主旨句的内容，也可以总结支撑句的内容。因为结论句有这些功能，所以，和主旨句相类似，结论句也要包含作者的观点。由于每个段落最多只能有一个结论句，因此，和主旨句一样，结论句也承载了段落的统一性。

但是，请大家注意，结论句不像主旨句，它并不一定是每个段落都有。这一点大家需要灵活把握。

不过，有两种情况必须要有结论句。第一是在比较长的段落中。因为长段落内容很多，会提供大量的素材和信息。为了不使读者"走丢"，尽快把读者牵回你的"主线"，这时候用一句结论句回应主题是很有必要的。第二是在单一段落，比如摘要。因为它的内容是比较独立的，所以必须要有结论。

对于结论句来说，如果其能在总结本段内容的同时，还能承担过渡作用就更好了。

三、支撑句

最后我们来看三种句子要素中最为复杂的一种——支撑句。支撑句通常由多个句子构成，其作用显而易见，就是尽可能地为主旨句服务，尽可能地采用多种方法、提供多种证据，去支持和发展主题。可以用于支撑主题的素材有很多种，比如解释、定义、论据、数据、例子、分析、评价、发现、结果等。在一段话中，支撑句可以是以上多种形式的交叉使用，但不论用什么形式，都要做到具体和翔实。

我们刚才讲到支撑句承载了段落的两个特点，即发散性和连贯性。这怎么理解呢？首先我们要求支撑句的内容是发散的，也就是需要尽可能地采用多种方式去佐证主旨句。但是在表达上，无论是支撑句之间，还是支撑句与主旨句之间，或是支撑句与结论句之间，都要连贯。

下面我们来看几个支撑句的例子。请大家判断一下，在下面几个例子当中，作者采用了什么形式进行对主旨句的支持；同时，请大家学习这些不同方式的具体应用。

例："内部控制框架"是美国反虚假财务报告委员会下属的发起人委员会（COSO）在1992年所提出的一个重要概念。其中的"控制环境"是指对建立、加强或削弱特定政策、程序及其效率产生影响的各种因素；"风险评估"是指识别、分析和管理影响组织目标实现的风险的过程；"控制活动"是指为确保管理层指令得以执行而制定的政策和程序；"信息与沟通"是指及时、准确地收集、传递与内部控制相关的信息；"监督"是指对内部控制系统的有效性进行评估和改进的过程。COSO（1992）将内部控制框架分为五个相互关联的要素，以帮助组织实现其目标并应对风险。

97

这个例子采用了"定义+解释"的方式来支撑主旨句。我们先找一下主旨句。显然，由 COSO（1992）这篇文献提出来的"内部控制框架"的概念是这段文字所讨论的主题。而在主旨句之后，关于"控制环境""风险评估""控制活动""信息与沟通""监督"的几句话是对"内部控制框架"概念的定义，而最后一句话是对主旨句的进一步解释。

例：越来越多的外资制造企业在中国市场深耕数年后，通过加大研发投入和扩大生产规模，逐步实现了本土化发展战略。从相关行业报告和统计数据中，可以明显看出这一趋势。据广东省工业和信息化厅的统计，2023 年 1 月至 8 月，外资制造企业在粤研发投入总额达到 56.8 亿元，同比增长 15.3%。这些企业通过与本地高校、科研机构合作，不断提升产品的技术含量和竞争力，进一步拓展了中国市场。

这段文字采用了"举例+数据"的方式来支撑主旨句。我们先找主旨句，也就是第一句话，说明本段的主题是外资制造企业在中国实现本土化发展战略这一现象。后面的句子以广东省工业和信息化厅的具体数据为例展开对主题的讨论。

例：企业社会责任一直是社会各界关注的焦点问题。对于处于快速发展阶段的中国企业而言，如何切实履行企业社会责任更是一个至关重要的课题。Carroll（1991）的研究指出，经济、法律、伦理和慈善是企业社会责任的四个维度。如果单纯从理论角度出发，可能会认为这四个维度是相互独立的。然而，在实际经营中，企业的经济行为往往会受到法律的约束，同时也会受到伦理观念的影响，而慈善活动则可能是企业在经济和伦理基础上的一种延伸。而且，随着社会的发展和进步，消费者对企业的社会责任要求越来越高，企业如果不能积极履行社会责任，可能会面临市场份额下降、声誉受损等问题。在当前竞争激烈的市场环境下，企业能否真正将社会责任融入经营战略中，从而实现可持续发展，这本身就是一个值得深入思考的问题。

这段文字采用了"解释+论据+分析"的方式来支撑主旨句。主旨句是第一句，说明本段的讨论话题是企业社会责任问题。中间部分，首先阐述了这个问题对于处于快速发展阶段的中国企业而言更为关键，这是对主旨句的进一步解释。然后，通过列示 Carroll（1991）的研究结论引出企业社会责任的重要维度，这种方式是提供论据。那么，为什么经济、法律、伦理和慈善是企业社会责任的四个维度呢？下面的句子给出了分析。最后一句话则是本段文字的结论句，因为它既回应了主题又总结了上述支撑句。

例：目前，经济学领域常用的衡量经济发展的指标主要有国内生产总值（GDP）以及人均收入等。GDP 主要侧重反映一个国家或地区在一定时期内的经济总量，然而其计算方式并不能完全体现经济发展的可持续性和社会福祉等方面，因而很难全面地反映经济发展的真实水平。人均收入虽能在一定程度上反映居民的生活水平，但无法涵盖经济结构、资源利用效率等重要因素。相较而言，绿色国内生产总值（Green GDP）具有以下三方面的优点：其一，综合性强，它考虑了经济活动对环境的影响，将资源消耗和环境损害纳入核算范围；其二，前瞻性高，能够引导经济发展向可持续方向转变；其三，准确性高，可以更准确地反映经济发展的质量和可持续性。

这段文字采用了"分析+评价"的方式来支撑主旨句。主旨句是第一句，引出 GDP 和人均收入是常用的经济衡量指标。后面的句子分析了这些指标的具体内容与局限性。最后评价了绿色国内生产总值相对于传统指标的优点。

从上述例子我们可以看出，支撑句用来支持段落主题的方式不一，作者可以根据需要以及现有的资料灵活处理。

第三节 段落特点

讲完了段落的三种句子要素，我们接着来看段落的三个特点。

一、统一性

段落的第一个特点是统一性。统一性的意思是说，每个段落有且只有一个明确的中心论点或主题，其他句子则用来支持、解释或展开这个中心论点。也就是说，每段话只能有一个有趣的灵魂，这一段的每句话都是为这个灵魂服务的。你如果想表达新的观点，那就需要另起炉灶。保持段落的统一性有助于读者理解和跟随作者的思路。

我们刚才讲过，统一性，或者说段落主题的唯一性，主要在主旨句和结论句中体现。

二、发散性

段落的第二个特点是发散性。这是说，段落中的句子能够从不同的角度、方面

99

或维度来探讨和展开主题，要对主旨句进行夯实，并且进行拓展和延伸。发散性表现为段落中的句子不是重复相同的观点或论据，而是通过提供不同的信息、角度或证据来支持主题。发散性可以使段落更加丰富和具有说服力。

发散性不仅是支撑句的特点，而且是支撑句内容的特点。刚才已经提到，支撑句通过多种方式来论证主题。支撑句体现段落的发散性，我觉得这一点可以通过英文中的两个词来表达，一个是 corroborate，另一个是 substantiate。也就是说，支撑句要通过各种形式，想尽办法，找到主旨句的实锤证据！只有这样，这一段的写作目的才能达到。

三、连贯性

段落的最后一个特点，也是最难达到的一点，就是连贯性。连贯性是指段落中的句子之间有逻辑上的衔接和流畅的过渡。此外，段落中的句子应该有一定的逻辑顺序和层次，以便读者能够理解作者的论证过程和思维脉络。段落内在的逻辑体现在两个方面：首先在表达上，句子之间要有前后逻辑，而不是胡乱堆砌；其次在内容上，段落须包含结构化的信息。结构化的信息是指那些容易被读者理解、接受和记忆的信息，是完整的信息。当然，除段落内的连贯外，段落与段落之间也要有逻辑连接。

通过上面的讲解我们可以看出，连贯性也是支撑句的特点，并且是支撑句表达上的特点。

第四节　段落连贯

由于连贯性是段落写作中的难点，下面我们就来重点讲解一下如何做到段落连贯。说到段落的连贯问题，我们就不得不提到段落结构了。段落结构分为段落内部结构和段落间结构。段落内部结构就是我们刚才讲过的段落三要素，即主旨句、支撑句和结论句的安排。而段落间结构就是段落与段落之间内容和层次的衔接。因此，段落的连贯性就相应地体现在段落内部的连贯与段落之间的连贯。

一、段落内连贯

请同学们先思考一下，有哪些"小工具"可以让你的段落表达更加连贯呢？

在这里，我们总结了五个方面：第一，你可以用一些逻辑连接副词或者连词，使前后句子逻辑连贯。第二，通过重复使用某个词，也可以达到把一系列句子串起来的目的。第三，使用某个词的相关词或者同义词，可以使前后句子连贯起来。请注意，相关词或同义词的多次使用不能叫作重复，更确切地说应该是反复。第四，使用代词来指代前面出现的内容，也是反复的作用。不过，我们之前也提到过，对于代词的使用，我们要慎重。恰当地使用代词会增加句子之间的连贯性，但如果滥用代词的话，反而会给读者造成理解上的困难。第五，采用排比句，可以达到加强连贯性的目的。请大家注意，我们之前提到，在学术论文写作中要慎用修辞。但是，排比这种修辞使用的频率可以适当高一些，因为它可以增加句子间的连贯性，从而更有效地向读者传递信息。

现在，请大家来做一个练习。我们看看下面这段话使用了哪些我们前面提到的连贯"小工具"呢？

例：财务顾问是为企业提供财务决策支持的专业人士，其业务涵盖多个方面。简而言之，他们要深入了解企业的财务状况，通过分析资产负债表、利润表等，找出企业财务的优势与短板。并且，他们须紧跟市场动态，掌握行业趋势，为企业规划合理的财务战略。此外，财务顾问还要善于沟通协调，与企业管理层、投资者等各方进行有效的交流。实际上，这些工作对于企业非常有用，许多企业在财务顾问的帮助下实现了稳健发展。他们专业的建议、精准的分析、合理的规划，为企业带来了实实在在的价值。同时，他们能帮助企业应对各种财务难题，比如在资金短缺时寻找融资渠道、利润下滑时调整经营策略、风险来临时制定应对方案。甚至可以说，财务顾问就像企业财务航船上的舵手，引领企业在复杂多变的商业海洋中稳步前行。

以下文字中的黑体部分，是该段文字为了让段落内部更加连贯所使用的小技巧。怎么样？你都找到了吗？

财务顾问是为企业提供财务决策支持的**专业人士**，**其业务**涵盖多个方面。**简而言之**，**他们**要深入了解企业的财务状况，通过分析资产负债表、利润表等，找出企业财务的优势与短板。**并且**，**他们**须紧跟市场动态，掌握行业趋势，为企业规划合理的财务战略。**此外**，**财务顾问**还要善于沟通协调，与企业管理层、投资者等各方进行有效的交流。**实际上**，**这些工作**对于企业非常有用，许多企业在**财务顾问**的**帮助**下实现了稳健发展。**他们**专业的**建议**、精准的**分析**、合理的**规划**，为企业带来了实实在在的价值。**同时，他们能帮助企业应对各种财务难题，比如在资金短缺时寻找融资渠道、利润下滑时调整经营策略、风险来临时制定应对方案。甚至可以说，财务顾问就像企业财务航船上的舵手，引领企业在复杂多变的商业海洋中稳步前行。**

我们注意到：

第一，在连接词方面，上述文字中包含"简而言之""并且""此外""实际上""同时""甚至可以说"等，起到了衔接上下文、使文章逻辑更加清晰流畅的作用。

第二，重复用词方面，"财务顾问"一词在文中多次出现，贯穿整个段落，不断提示主题，让读者在陆续获取新信息的同时始终聚焦于财务顾问这个主体。

第三，相关词或同义词方面，首先，"专业人士"与"专业建议""精准分析""合理规划"中的"专业"相关，通过在不同位置强调财务顾问的专业性而体现连贯性。其次，"业务""工作""帮助"等名词，都指的是财务顾问所提供的服务，通过在不同位置提示这一内容也能体现连贯性。

第四，代词的使用方面，用"其""他们"等词代指财务顾问，用"这些工作"代替财务顾问的服务内容，既避免了重复表述，使语句更加简洁流畅，又通过适时提示"财务顾问"这一主体，使得段落更加连贯。

第五，排比方面，"专业的建议、精准的分析、合理的规划""在资金短缺时寻找融资渠道、利润下滑时调整经营策略、风险来临时制定应对方案"这两处使用了排比的手法，增强了语言的节奏感和表现力，加强了表达的连贯性。

二、段落间连贯

我们知道，一个段落中只能有一个主题。那么，具有不同主题的段落之间如何进行连贯衔接呢？我们可以使用刚刚讲过的保证段落内部连贯的"小工具"，也就是使用连接词、重复用词、同义词、代词和排比等。其实，段落间的连贯"小工具"原理和它们差不多，只是侧重点更倾向于连接两个不同的主题。其具体包括设计过渡句、使用逻辑连接词以及重复关键信息等。

具体来看，第一，设计过渡句。在相邻的段落之间使用过渡句，可以引导读者从一个观点或话题过渡到下一个。过渡句可以概括上一段落的主要观点，并预告下一段落要讨论的内容，以保持思路的连贯性。过渡句可以出现在前一段的段末或者下一段的开头部分。同时，过渡句在内容上也可以表示不同的逻辑关系，比如承接、转折、因果等。

第二，使用逻辑连接词。有时候我们可能不一定要使用句子来表示段落过渡，而只是使用适当的逻辑连接词或短语来引导段落之间的衔接。这些连接词可以更加明确地表达段落之间的逻辑关系，从而使段落的连接更为紧密。

第三，重复关键信息。在相邻的段落中，我们也可以重复使用一些关键信息，以建立段落之间的联系。具体来讲，我们可以在新的段落中适当地重复前面段落中提到的关键词或概念，也可以在新的段落中引用前面段落中的论点、数据或结论，以便提示读者之前的内容，并展示段落之间的联系。

不过，请同学们注意，段落的连贯性已经属于我们写作后期需要把握的内容了。就像我们反复强调过的，论文写作是一个螺旋式上升的过程，后期的修改打磨与前期初稿的写作同样重要。在这个过程中，有些方面需要在后期修改时重点把握，而前期的初稿写作一般不需要过分关注。段落的连贯性正是这样一个典型。

第五节　段落组织

在明确了段落的要素和特点之后，我们最后来看一下应该如何组织或安排段落。对于学术写作而言，一般有三种常见的段落组织方式：时间顺序、逻辑顺序和对立观点。

其中，"时间顺序"是按照事件发生的先后顺序来组织段落。这种组织方式常用于叙述性内容的写作，如描述一个事件的发展过程或经历的时间脉络。段落中的句子按照时间先后进行排列，从过去到现在或从现在到将来。时间顺序在研究方法、研究设计或者数据获取部分用得最多。比如在案例研究中，我们对案例数据的获取，也就是对研究对象的访谈或者问卷调查，经常遵循时间顺序。

"逻辑顺序"是按照事物之间的逻辑关系来组织段落。这种组织方式常用于说明性内容的写作，如解释一个概念、阐述一个观点或分析一个问题。段落中的句子按照逻辑关系进行排列，从引出观点或问题，到提供论据或解释，再到最后得出结论。例如，一个段落可以按照问题、原因、影响和解决方案的逻辑顺序来阐述一个社会问题的背景和解决方法。一般来说，我们对于文章理论假设或者命题的推导部分，常常采用逻辑顺序来安排段落。

"对立观点"是将不同的观点或主张进行对比，从而组织段落。这种组织方式常用于辩论性内容的写作，如讨论一个争议性的问题或比较不同的观点。段落中的句子可以交替地阐述不同的观点，并通过提供论据和例证来支持各个观点。最后可以总结各个观点的优缺点或者提出作者自己的观点。对立观点的组织方式经常用在文献回顾当中。有时候我们在引入竞争性假设的时候，也会用到对立观点的组织方式。由于在学术界，人们针对同一个问题往往会有不同的看法和证据，因此，为了确保论证的全面和客观，在上述这些部分，我们最好把各个方面的证据都提到。

综合来看，这三种段落组织方式在使用时各有其侧重点，所以在一篇完整的文章当中往往这三种方式都会出现。选择合适的段落组织方式可以使文章更加清晰、连贯和易于理解。在写作过程中，我们需要根据文章的内容和逻辑关系来确定最恰当的段落组织方式，并注意在段落之间进行过渡，从而使整个文章呈现完整的结构和较强的逻辑性。

第七章
"点缀"：篇章的可读性

- -

第一节 布局谋篇

我们在第五章和第六章中分别学习了学术论文写作的词语、句子和段落的写法与注意事项，本章我们从整体的角度出发来谈一谈篇章写作的相关问题。

关于篇章，一个绕不开的问题就是如何去布局谋篇。布局谋篇具体指的是我们在写作过程中有意识地安排和组织文章的结构和内容，从而清晰、连贯和有条理地表达论文内容。它涉及选择和安排文章各个部分的顺序和位置，以及确定每个部分的内容和重点。具体来说，布局谋篇包含文章的结构安排、内容组织以及语言编纂三个部分。其中，关于学术论文的结构安排和内容组织，我们在第二章和第四章中已经陆续讲过。所以，本章对于布局谋篇的结构安排和内容组织不再赘述，而只关注第三个方面——文本编纂，也就是篇章的可读性。

第二节 篇章的可读性

同学们有没有想过这样一个问题：你最不喜欢阅读什么样的文学作品？我猜，可能会有一小部分同学的回答是学术论文。那么，请同学们思考一下，你们为什么不喜欢读这些作品？可能又有一小部分同学觉得，读有些论文太烧脑，读起来让人非常困惑。的确，有时候，是因为作品的可读性太差而导致读者望而生畏！

那么，请大家换个视角，当我们作为作者的时候，我们也应该为读者考虑。为了让读者开心愉快地读完我们这篇文章，我们的写作就要把握好可读性的原则。所

105

谓可读性，就是指读者在阅读文章时能够轻松理解和吸收其中的内容。

关于篇章的可读性，我们可以从三个方面来把握：学术主题的一贯性、语言表述的简洁性以及信息交流的畅达性。

首先是学术主题的一贯性，也就是文章在整体结构安排上的连贯性，以及全文内容和文章主题的一致性。一篇具有良好可读性的学术文章应该始终围绕一个明确的中心思想展开，并且每个段落和句子都要与这个中心思想一致，构建一个连贯的逻辑框架。读者通过阅读文章可以清晰地理解作者的观点和论证线索，不会感到困惑或迷失。因为学术论文的写作目的就是向读者传递作者对某个学术问题的观点，所以，学术主题的一贯性能够保证读者通过阅读本篇文章而获取应有的效用。

其次是语言表述的简洁性。可读性要求文章的语言表述简洁明了。我们要在保证文章专业性的基础上，避免使用过于复杂或晦涩的句子结构以及多余的修饰词，尽量使用简洁易懂的语言来表达思想，从而方便读者理解，减少读者的困惑，节约读者的时间和精力。这也是作者与读者沟通效率的体现。

最后是文章信息交流的畅达性，也就是作者所要传达的信息在多大程度上被读者接受。这是作者与读者沟通的效果所在。

以下我们就来具体讲解如何通过主题贯穿、简洁表述和畅达交流来提高论文的篇章可读性。

一、主题贯穿

（一）主题贯穿的含义

保证论文篇章可读性的第一个要求是学术主题的一贯性，我们将此简称为"主题贯穿"。它使文本形成一个有机整体，所有内容围绕主题紧密相连。对读者而言，这能让他们清晰、明确地把握文章主旨，避免在阅读过程中迷失方向。

在英文写作中，有一个常被提及的概念——"the red thread"，其含义是每篇文章都应该存在一条贯穿全文的主线。这条主线具有两大重要作用：一是充分反映文章的核心主题，使读者能够清晰把握文章的主旨思想；二是犹如一条纽带，将文章的所有段落紧密地连接在一起，让文章在结构上形成一个有机的整体。

与此类似，在中国古典小说创作中，存在一种别具一格的结构技巧，即"草蛇灰线、伏脉千里"。这种技巧生动形象地阐释了主题贯穿的重要意义。它如同一条若隐若现的蛇形轨迹或似有似无的灰线，虽然在表面上并不十分明显，但却能在千里之外依然保持内在的关联与伏笔，使整部小说在情节的发展过程中始终围绕一个核心主题展开，让读者从头至尾能够感受到一种内在的连贯性和整体性，而不至于迷失。

（二）主题贯穿的工具

那么，我们应该如何保证文章主题贯穿全义、同时各个段落又相互关联呢？在这里给同学们推荐一个小工具，叫作"GOST"原则，这什么意思呢？它是"Great Overall Scheme of Things"首字母缩写。我们可以把它理解为一篇文章或者一个段落的提纲。也就是说，一方面，我们在实际动笔写作一篇文章之前，要把包括文章主题在内的所有重要问题以提纲的形式全部列出来。这个时候，由于我们没有受到其他信息的干扰，而只是看到文章的"骨架"，因此很容易把握文章的各个部分是否和主题一致。另一方面，我们在写作具体的段落之前，也要把该段落所要包含的主题和具体支撑信息先以提纲的形式列出来，看看有没有和全文的主题不一致或者不相关的地方；同时看看有没有和前面已经写好的段落不一致或者不相关的地方，然后再开始动笔。换句话说，我们在具体写作之前，首先要找到全文或者各个段落的"GOST"；然后和它交朋友，也就是在写作过程中反复去与"GOST"核对，看看我们所引用的论据、所采用的写法、所使用的词汇等是否偏离了"GOST"；对于那些不符合"GOST"的内容就要大胆删除。这样一来，我们就能够保证段落与段落之间以及全文整体上符合主题的一贯性了。

二、简洁表述

（一）简洁表述的含义

接下来，我们看看篇章可读性的第二个要求——语言表述的简洁性。简洁表述的好处在于能够使信息高效传达，避免冗余繁杂，让读者迅速抓住核心要点，减少阅读负担与理解成本，从而提升信息传递的质量和效率。

我们先来看一个例子：

例：众所周知，随着企业会计准则与公司治理制度的不断完善与发展，基于管理者信息需求相关性的内部报告体系越来越凸显出其重要性。

这句话的语义本身没有问题，但是我们可以把它变得更加简洁明了。请同学们思考一下，看能否把它变得更为简洁呢？

我们发现，这句话的主要内容是：随着企业会计准则与公司治理制度的完善与发展，内部报告体系越来越重要。那么，前面的"众所周知"这个词无须再强调；"不断完善与发展"，其实说的是同一个意思，可以简化；还有后面的"越来越凸显出其重要性"，也有压缩的空间。那么，这个句子我们可以改为：

修改后：随着企业会计准则与公司治理制度的完善，基于管理者信息需求相关性的内部报告体系变得日趋重要。

经过修改，我们把原本 56 个字的句子改成了 43 个字，这样就比刚才好多了。改到这里，这句话已经合格了，已经能够比较简洁地传递信息了。但是，请同学们继续揣摩这句话，看看还能不能进一步压缩。

请思考一下，"企业会计准则"，有没有问题？一般来说，会计准则包含企业会计准则、政府会计准则，还有非营利组织会计准则等。但是在没有特别强调的情况下，一般是指企业会计准则；而且我们通过上下文判断，这句话是在讲企业的故事。故这里说"会计准则"，大家很容易知道是企业会计准则，并不影响阅读，因此我们可以把"企业会计准则"简化为"会计准则"。还有，关于"公司治理制度的完善"这个表述，有没有值得推敲的地方呢？公司治理制度的完善，其实会带来公司治理相关的一系列变化，比如说公司治理质量的提升等；而且从上下文判断，这里并没有特别强调具体某项公司治理制度的变化。因此，在这里，我们用"公司治理"，可能比"公司治理制度"的含义更全面，也更符合现实，表述也更为简洁。此外，关于"基于管理者信息需求相关性的内部报告体系"这一表述，其中哪个词是多余的呢？那就是"相关性"。因为"信息需求相关性"和"信息需求"两个表述意义差别不大，所以"相关性"这个词也可以去掉。这个句子就变为：

修改后：随着会计准则与公司治理的完善，基于管理者信息需求的内部报告体系变得日趋重要。

我们现在可以看到，经过两次删减之后的句子只有 36 个字，比原句减少了 35.7%！这样，在没有损失重要信息的同时，节约了读者的时间。我们的目的就达到了。

当然，并不是说字数越少越好。我们只是通过这个略微极端的例子让同学们感受论文修改的过程。简洁表达的目的是更有效率地传递信息。如果纯粹为了简洁而损失必要信息，那就会得不偿失。

同时，我们反复强调，好文章是改出来的，写文章是个螺旋上升的过程，修改比创作本身更为重要。同学们在平时写作的过程中也要多做这样的练习，多对自己的文章进行锤炼。

（二）简洁表述的工具

接下来，我们具体看看有哪些可以提升简洁性的方法。这些方法包括但不限于避免回旋措辞和空词、避免不必要的重复、简化修饰成分、合理转换名词与动词、避免不必要的短语、合理变换句子成分等。以下我们分别来讲解。

1. 避免回旋措辞和空词

简洁表述的第一个方面是避免回旋措辞和空词。首先，什么是回旋措辞呢？回旋措辞原本是一种修辞手法，用于在表达中避免直接回答或确认某个问题或观点。它通常通过巧妙地转移话题、模棱两可的表述以及含糊不清的表达来达到回避问题的效果。因此，回旋措辞的初衷与学术论文的要求就是冲突的。在我们学术论文的情境中，回旋措辞就是指那些不连贯、跨度很大的表达方式。我们来看一个例句：

例：我们的网站提供了许多您可以用来选择您认为最好的牙医的信息。

这个例句中的"许多用来选择牙医的信息"，就是回旋措辞。这样的措辞过于迂回，不够直接明了，会给读者造成理解上的困扰。

其次，空词是指那些没有实际意义的表达。比如刚才这个例句中的"您可以""您认为"等表述。把这些词去掉，对信息的传递没有任何影响。

我们尝试着修改一下这个例句。首先，对于"许多用来选择牙医的信息"，我们经过提炼与转述，可以改为"确定最佳牙医的标准"。其次，我们可以把"您可以""您认为"这样的空词去掉。那么，整个句子就变成：

修改后：我们的网站提供了确定最佳牙医的标准。

2. 避免不必要的重复

简洁表述的第二个方面是避免不必要的重复。这个错误非常常见，请同学们务必注意。以下列出了几个常见的例子，请同学们注意：

例：目的是为了……
原因是由于……
目前的现状是……
大约有500个左右的企业……

3. 简化修饰成分

简洁表述的第三点是简化修饰成分。我们前面讲过，一个句子如果其修饰成分过多过长，会造成结构的混乱和理解的障碍。那么，从篇章简洁性的角度来看也是同样的道理。我们来看一个例子：

例：追求自身利益最大化的管理者容易产生"战壕效应"。

在这句话中，管理者的修饰成分"追求自身利益最大化的"是一个动宾短语，显然太长，我们可以把它简化为一个简单的形容词——"自利的"，这也能传递同样的信息，但表达更为简洁：

修改后：自利的管理者容易产生"战壕效应"。

对于修饰成分的简化，同学们还要注意，有时候修饰成分并不是简化成一个词就能够解决问题的，而是还需要我们对整个句子甚至段落的意义进行深入理解，并在此基础上对原句的结构进行拆解，从而构造出新的更为简洁的句子。我们再来看一个例子：

例：在审计过程中，对于财务报表的真实性和公允性进行全面和细致的检查，并根据相关法规和会计准则对其进行评估和验证的审计师扮演着至关重要的角色。

这个句子的修饰成分是"审计师"之前的部分，很明显是过于冗长的。但我们不能像上面的例子一样把它简化成一个词。这时候，我们可以对句子进行适当的重组，在此基础上进行简化，从而提高可读性。比如，我们可以先把主句信息提取出来，单独放在前面。后面再对修饰成分中的信息做进一步的补充说明。按照这个思路，我们可以改为：

修改后：审计师在审计过程中扮演着至关重要的角色，他们对财务报表的真实性和公允性进行全面细致的检查，并根据相关法规和会计准则进行评估和验证。

4. 合理转换名词与动词

简洁表述的第四点是名词与动词的合理转换。关于这一点，我们在之前的章节中也提到过，名词化虽然有助于表达的书面化，但很多时候，当我们采用名词化表达的时候，整个句子会显得很啰嗦，而且也不利于理解。当我们把它转化为动词化的表达，动作的实施对象就会一目了然。我们来看例子：

例：本文的目标在于通过新的植物育种技术的应用来达到烟草新品种的获取和验证所需的评估数量的下降。

其中，"目标在于"可以动词化为"旨在"；"新的植物育种技术的应用"可以动词化为"应用新的植物育种技术"；"达到所需的评估数量的下降"可以动词化为"降低所需的评估数量"；"烟草新品种的获取和验证"可以动词化为"获取和验证烟草新品种"。请大家对比一下，动词化后的句子是不是表述更加简洁、读起来也更顺畅呢？

修改后：本文旨在通过应用新的植物育种技术来降低获取和验证烟草新品种所需的评估数量。

5. 避免不必要的短语

简洁表述的第五点是避免不必要的短语。在本章一开始的例子中，"众所周知"这个词就是这样的情况。其他的例子还有：

例：考虑到其他所有问题……

在真实意义上……

读者继续阅读就会发现……

这些短语的出现，不仅不会给读者带来新的信息，反而会有凑字数之嫌，请同学们务必注意。

6. 合理变换句子成分

简洁表述的第六点是句子成分的合理变换。这一点，其实需要同学们根据我们之前讲过的注意事项以及具体的论文情境进行综合判断。必要时我们还可以对句子结构进行调整，并且适当删减或者增加一定的内容。我们来看一个例子：

例：我想指出的是，在这家公司工作的员工需要一个更好的经理来帮助他们管理他们的基金。

在这句话中，我们首先会发现，它有一些多余的成分，需要先删除。"我想指出的是"显然可以删除。"在这家公司工作的员工"，表述过于累赘，可以改为"该公司的员工"。句末的"帮助他们"也是没有任何信息增量的补语，可以删除。经过以上修改之后，我们可以得到：

修改后：该公司的员工需要更好的经理来管理他们的基金。

这样已经差不多了。但是，还可以继续简化。这时候就需要我们变换句子成分了。我们可以进行修改的地方是句子的后半部分。我们可以把句尾的目的状语"来管理他们的基金"变成经理的定语，整个句子就变成：

修改后：该公司的员工需要更好的基金经理。

三、畅达交流

（一）畅达交流的含义

我们来看篇章可读性的第三个要求——信息交流的畅达性。畅达交流意味着在论文写作中构建一条清晰且无障碍的信息通道，它首先能够在主题贯穿和简洁表述的基础上进一步深化信息的传递；同时，能够激发读者的思考与反馈，使读者能够更积极地参与到与作者的思想交流中。此外，畅达交流还有助于提升文章的影响力。无论是在学术圈还是在其他领域，一篇能够让信息流畅传递的文章更容易被广泛传播。

（二）畅达交流的工具

当然，要与读者畅达交流，我们之前提到过的选题、研究方法的选择、文章的结构安排、词语的搭配、句子的构造、段落的组织等，都是重要的影响因素。本节我们主要从语言设计和本文编纂的角度来讲解如何改善与读者沟通的效果。从这个角度看，做到畅达交流的方法可以有以下几点：提高信息的可获得性、使用具体的语言、恰当使用专业术语、充分考虑读者群体的需要等。以下我们来具体讲解。

1. 提高信息的可获得性

畅达交流的第一个要点是提高信息的可获得性。信息的可获得性是指作者所传递的信息被读者获取和接收的程度。为了提高信息的可获得性，我们有如下几个方法：合理使用代词、适当运用排比、重复原有信息、正确使用标点符号以及恰当引用参考文献等。

（1）合理使用代词

我们先来看代词的合理使用。代词在论文写作中是一把"双刃剑"。我们在之前的几章中陆续提到过，代词的合理使用可以避免重复，同时可以增加段落的连贯性。但是过度使用代词，可能会造成指代不明确的问题。这里，我们从信息可获得性的角度，再次审视代词的作用。我们来看一个例子：

例：高阔和关鑫（2008）提出了"社会资本控制链"。他们认为，控股股东为了拉拢、左右和控制其他股东、董事和经理人员，通常要动员组织社会资本和个人社会资本。他们通过社会资本可以增强互信，节约交易费用。

在这个例子中，我们看到了两个代词——"他们"。第一个"他们"，指的是高阔和关鑫。这里通过使用代词，起到了提示信息来源的作用。第二个"他们"，指的是前文提到的控股股东、其他股东、董事和经理人员等。这里通过代词的使用，达到提示动作主体，并且连接前后内容的目的。

（2）适当运用排比

提高信息可获得性的第二个方法是适当运用排比。排比是学术论文中为数不多的、也是较为常见的修辞手法，一般在规范研究中的使用比实证研究中更多。排比可以是词的排比、短语的排比或者句子的排比。我们之前提到过，排比的恰当运用可以增加段落的连贯性。其实，排比也可以通过将不同信息放置在并列结构中，提高信息的可获得性，从而更好地引起读者的共鸣。

不过，在排比的使用过程中我们需要强调两点：第一，排比的内容结构（也就是主谓结构、偏正结构等）要一致；第二，不同类型的排比（比如词、短语或句子等）不能混合使用。针对这两点，我们分别来看两个例子。

我们首先来看内容结构不一致的情况：

例：我国企业面临日趋多变的经营环境，业务活动日趋复杂，竞争力度日趋激烈，如何充分发挥业绩评价在企业管理中的作用是一个重要的问题。

上面这个例子中的前半部分："我国企业面临日趋多变的经营环境，业务活动日趋复杂，竞争力度日趋激烈"，显然前后的内容结构不一致，第一个是偏正短语，后面两个是主谓短语。这种非排比的情况就会降低信息的可获得性，导致作者和读者沟通不顺畅。修改方式很简单，我们只需要把三个短语的内容结构调整一致即可。请大家参考修改后的例子：

修改后：我国企业的经营环境日趋多变，业务活动日趋复杂，竞争力度日趋激烈，如何充分发挥业绩评价在企业管理中的作用是一个重要的问题。

第二种情况是不同类型混用导致非排比。这里所说的不同类型指的是词、短语或句子。我们来看例句：

例：现时期的业绩评价模式大体上包括三种，包括财务模式、以 EVA 为典型代表的价值模式，平衡模式的典型代表则是平衡计分卡。

这句话中，显然"财务模式"只是一个名词；"以 EVA 为典型代表的价值模式"是一个偏正短语；"平衡模式的典型代表则是平衡计分卡"是一个句子。这样的不同类型混用降低了信息的可获得性，导致交流不畅。修改方式也很简单，我们可以对它进行以下两种排比形式的修改：第一种方法是先用词语把所有的业绩评价模式介绍一遍，然后用排比分句的形式分别对三种业绩评价模式的特点做出说明；第二种方法是直接以三个排比的偏正短语来列举三种不同的业绩评价模式。用这两种方法修改后的句子都具有较强的信息可获得性，只是句子风格略有不同。请大家进行对比：

修改后：现时期的业绩评价模式大体上包括财务模式、价值模式和平衡模式三种，财务模式以会计利润指标为基础，价值模式以 EVA 为典型代表，平衡模式以平衡计分卡为典型代表。

或：现时期的业绩评价模式大体上包括以会计利润指标为基础的财务模式，以 EVA 为典型代表的价值模式和以平衡计分卡为典型代表的平衡模式。

（3）重复原有信息

加强信息可获得性的第三个方法是适当重复原有信息。请同学们注意，重复信息在很多时候并不是好的现象。我们甚至会采用一些方法，比如使用代词、同义词替换等来避免重复。但是，当一段话中内容比较多或者结构比较复杂的时候，又或者当一句话中的几个分句所提供的信息类型不同的时候，我们对旧信息的适当重复，不仅会增加段落的连贯性，也会提高信息的可获得性，从而使沟通更加顺畅。我们来看一个例子：

例：所有权和经营权的分离会导致股东和经理利益不一致（新信息），这种利益分化（旧信息）往往会使管理者以牺牲股东利益为代价追求自身利益最大化。管理者可能会通过非正常扩张、帝国构建、在职消费和短期套利等行为来实现自身利益的最大化（新信息），这些行为（旧信息）会严重损害公司价值。

其中，"所有权和经营权的分离会导致股东和经理利益不一致"，这是本段文字所提供的新信息；紧接着，重复旧信息"这种利益分化"；然后再给出新信息"往往会使管理者以牺牲股东利益为代价追求自身利益最大化"。讲到这里，我们把第一句话稍做修改，改为："所有权和经营权的分离会导致股东和经理利益不一致，进而会使管理者以牺牲股东利益为代价追求自身利益最大化。"请大家想一想，哪种方式更好呢？有的同学可能会认为第二种方式更为简洁，这没有错。但是，从语感上，原句给我们的感觉更舒服，因为这句话的两个分句都提供了比较重要的新信息，此时在分句之间重复一下旧信息，就能让读者在看完第一分句的信息之后，稍做休整。这不仅能够让读者有更多时间去记住和消化旧信息，还有助于读者更好地理解第二个分句的新信息。

我们继续看第二句话："管理者可能会通过非正常扩张、帝国构建、在职消费和短期套利等行为来实现自身利益的最大化"，这是新信息；紧接着重复旧信息"这些行为"；然后给出新信息"会严重损害公司价值"。其实，重复旧信息的妙处在这句话中体现得更为明显。我们把"这些行为"四个字去掉，变成："管理者可能会通过非正常扩张、帝国构建、在职消费和短期套利等行为来实现自身利益的最大化，会严重损害公司价值。"和原句相比，感觉上有什么不同呢？前半句话在列举管理者实现自身利益最大化的几种方式，这些方式多种多样，并且每一种方式背后都有其独特的逻辑。读者在接受和处理这类信息时，所需要的知识储备、思考时间、记忆脑容量等资源，远比处理本段第一句话这样的判断性的信息所需要的资源要多得多。此时，如果紧接着告诉读者"这些行为会损害公司价值"这样一条崭新的信息，那么无疑会更大程度地增加了读者处理新信息的负担。这是因为，首先，前半句是列举型信息，而后半句是判断型信息。把不同类型的信息放在同等的位置上，会引起读者的困惑。其次，读者在读到第二个分句的时候，也会很疑惑"损害公司价值"的动作主体是谁。这时候，如果我们在两个分句之间重复一下旧信息，就会给读者更多思考的时间。读者会以重复的旧信息作为分界线，很快地明确它的前面是在列举不同行为，而它的后面是在阐述这些行为的后果。所以，作者通过重复原有信息，隔开了不同类型的新信息，为读者构建了一个立体化的思考空间，使其更容易在两条信息之间顺利过渡；同时，旧信息的重复起到了提示新信息动作主体的作用，增加了信息的可获得性，减轻了读者的信息处理负担，从而达到畅达交流的效果。

最后，请同学们注意，我们在论文写作过程中，是否重复原有信息并不是绝对的，这就需要依靠同学们的语感来反复斟酌和判断了。

（4）正确使用标点符号

提高信息的可获得性的第四个方法是正确使用标点符号。我们一定要注意和重视标点符号的巨大作用。它们在提示重要信息、调节文章节奏、表明作者语气，以及表达各种逻辑关系方面都发挥着无可替代的作用。我们只有熟悉不同标点符号的作用并加以合理运用，才能真正达到顺畅交流的目的。我们来看一个例子。请同学们大声朗读这个例句，并尝试修改。提示大家一下，在修改的过程中，除注意适当添加标点符号外，我们还需要用到之前讲过的一些方法，比如变换句子成分和重复原有信息等。

例：作为企业经营的一个重要方面的企业社会责任要求企业关注诸如教育医疗这样一些社会福利问题，能源节约与资源利用等环境保护问题，以及像工资福利和工作环境这类员工权益问题等多个方面，因而有助于提升企业形象并推动社会进步。

首先，原句中的主语被一个很长的定语给淹没了，我们需要先把它找出来，也就是"企业社会责任"。它是怎么样的呢？我们先把故事的主线梳理出来：企业社会责任要求企业关注一些问题，然后进而会产生一些后果。理清楚这个主线之后，我们只需要把剩下的信息添加进去就可以了。所以，原句中"企业社会责任"的定语："作为企业经营的一个重要方面"，可以作为插入语放在主语和谓语之间。那这个时候我们就需要发挥逗号的关键作用了，用逗号把主语、插入语和谓语分开。这样一来，信息就很明确了。

其次，我们需要重点关注的，就是谓语和宾语部分。谓语很明确，就是"要求企业关注某某问题"。关注什么问题呢？原句中有三个宾语，分别是"社会福利""环境保护"和"员工权益"，但是它们也被各自的定语淹没了。那我们怎么做才能让信息传递更为明确呢？有一种方法是可以先把宾语都提取出来放在一起，然后另起一句，再来解释各个宾语的定语。不过，在这个语境中，一种更好的做法是巧用标点符号。因为定语部分刚好是三个宾语的具体内容，所以这个时候我们可以借助括号，把这些具体内容从定语的位置转移到括号中，以注释的形式存在。这样既不影响句子的主干，也不损失重要信息。

最后，对于这个后果的表述，"有助于提升企业形象并推动社会进步"，我们可以怎么处理呢？大家请看，之前的内容已经提供了至少三重信息，一是社会责任属于企业经营的一个方面，二是社会责任要求企业关注三类问题，三是这三类问题的具体内容。因此，信息含量已经很高了。这时候如果我们在同一个句子中继续加入后果的信息，那么整个句子就会信息超载。此时，一个比较合理的做法是借助句号，果断地结束前一句话，而把后果的信息放在新的句子中。如此一来，就避免了信息扎堆，从而提高了信息的可获得性。只不过，在写新句子的时候，为了保持连贯并且进一步提高信息的可获得性，我们可以在句首重复原有信息，增加"这些行动"来承上启下，然后再引出后果的表述，就自然多了。

综合上面的讲解，我们可以把这个例句修改为：

修改后：企业社会责任，作为企业经营的一个重要方面，要求企业关注社会福利（如教育、医疗）、环境保护（如能源节约与资源利用）、员工权益（如工资福利和工作环境）等多个方面。这些行动有助于提升企业形象、推动社会进步。

总结一下，在这个例子中，我们借助逗号、括号和句号，让一个原本十分冗长的句子变得简明易读，提高了信息的可获得性。同学们在具体写作的过程中，也请留意并正确使用其他的标点符号。

（5）恰当引用参考文献

提高信息的可获得性的第五个方法是恰当引用参考文献。参考文献的引用在很大程度上体现了作者的学术素养和学术品位。参考文献引用的具体要求我们在第四章中已经有所涉及。在这里，我们重点关注参考文献的引用怎么通过向读者传递信息来改善作者与读者的沟通效果。

参考文献的恰当引用能够潜移默化地影响读者与作者的交流。首先，参考文献本身就是重要的信息来源，引用参考文献就是向读者提供相关信息来源。其次，我们引用参考文献的过程也会向读者传递出很多隐形信息。譬如，我们在文章的缘起或者背景信息中引用已有文献，可以告诉读者本文的理论渊源，让读者更好地理解本文研究的重要性。再如，我们在论证假设或采用某种研究方法的时候引用权威文献，可以告诉读者本文论据的可靠性，使读者更能接受本文的观点和结论。又如，我们在文献综述中引用自己以往的学术作品，可以告诉读者，本人是一名优秀的研究者，并且在本领域已经深耕多年，已有相关成果积累，从而拔高读者对本文学术水平的认知，等等。当然，所有这些信息的传递都要建立在准确、完整、规范、适度引用的基础上。

2. 使用具体的语言

畅达交流的第二个要点是使用具体的语言。这一点最容易理解，但是在实践中往往最难做到。使用含糊不清的语言容易掩盖作者的真实意图，并且浪费读者的时间和精力。尤其是当句子结构不合理时，含糊的语言＋冗长的句子＝巨大的灾难。

相反，具体的语言能够使问题表述明确和清晰，也可以使表达变得简洁。尤其是有时候当我们不得不使用长句时，使用具体的语言就非常重要。我们来看一个例子：

例：本文相信但不能肯定，地方政府参与公司经营等事务与地方国有上市公司在与主业无关的领域投入过多资金的行为总是朝着相同的方向变化。

这句话使用的语言就非常含糊不清，既不够具体，也不够学术化。那么，我们可以怎么修改呢？首先，"相信但不能肯定"，我们可以改为"假设"。接着，"地方政府参与公司经营等事务"，文献中一般称之为"地方政府干预"，这是一个专有名词。然后，"在与主业无关的领域投入过多资金的行为"，也有一个专业词汇，叫作

"过度投资"。最后，"总是朝着相同的方向变化"，可以清晰地表述为"正相关"。因此，上述例句可以改为：

> 修改后：本文假设，地方政府干预与地方国有上市公司的过度投资正相关。

3. 恰当使用专业术语

畅达交流的第三个要点是恰当使用专业术语。恰当使用专业术语可以提升论文的专业性和准确性，体现作者良好的专业素养。然而，如果专业术语使用不当，也很容易造成沟通的障碍。在这个方面，我们也有一些建议供同学们参考。

第一，正确理解术语的含义。我们在使用专业术语之前，首先要确保自己对这些术语的含义和用法有清晰的理解；其次要仔细阅读相关文献和参考资料，明确专业术语在相关研究领域的定义和解释，以便正确理解和运用专业术语。

第二，规范使用术语。我们要遵循本领域的规范和惯例，使用正确的术语和词汇。要做到这一点，我们需要在平时大量阅读相关文献，了解本学科领域中常用的术语及其用法，并加以积累。

第三，适当解释和定义术语。对于较为复杂或不常见的专业术语，尤其是当它们首次出现时，我们要在合适的位置对这些术语进行简明扼要的解释和定义。这有助于读者理解你所使用的术语，并确保他们的理解与你的解释和定义相一致。

第四，避免滥用术语。尤其是在非专业读者面前，我们应该尽量采用简洁明了的语言来解释和描述概念，避免给读者造成困惑。

4. 考虑读者群体的需要

畅达交流的第四个要点是充分考虑写作受众，也就是读者群体的需要。因为我们写文章的目的是向读者传递信息，而且，我们希望读者能够觉得这个信息是有用的或者有价值的。因此，我们必须要考虑读者的需要。具体来说，我们在下笔之前，必须要先明确：我们文章的读者是谁？他们想知道什么？他们有没有相关的知识？

举个例子，比如，对于这个问题"某年的某项政策是否产生外部性"，你的受众可能是学术研究人员，或者是业界的专业人士，抑或是政策制定部门。这几类人群都有可能非常关心这个话题，但是这几类人群对于同一个话题所能够提供的信息内容的诉求是不同的。学术研究人员可能更关注这个问题的学术贡献，即理论或者方法的创新程度；实务界的专业人士可能更关注这个问题是否对他的职业环境产生积极或消极后果；政策制定部门则更愿意对该政策的实施效率与效果进行评估，以更好地修正政策制定的方向，等等。因此，面对不同的受众，我们写文章的侧重点就应相应地变化。

  那么，具体到同学们的学位论文的读者群体，大家想一想，可能有谁呢？最直接的写作受众就是我们的导师、评审专家和答辩专家。不过，这些专家只代表了学术界的人士。我们刚才还提到了实务界人士和政策制定者。我们的文章如何兼顾这些读者群体呢？当然，我们的学位论文还是属于学术论文的范畴，因此我们的写作风格还是要遵循学术论文的基本逻辑。不过，我们可以基于文章的结论，对其他领域的专业人士提出相应的政策建议。这样既符合学位论文的要求，又兼顾了大部分写作受众。

第八章
"装盘"：论文呈现

第一节　论文呈现

作为学生，我们在整个学习阶段的最终作品就是我们的毕业论文。我们前面讲过，论文的内容很重要。而我们本章要讲的是，形式和内容同样重要。没有好的表现形式，再好的内容也没有办法向读者呈现出来。但是，形式是为内容服务的。论文的形式，就是要帮助你把你想要向世界展示的内容以读者可以接受的方式表现出来。那么，我们需要先看看你的论文需要向世界展示什么，或者说，要向世界炫耀什么。这里提到炫耀，是因为，毕业论文是你硕士或博士阶段几年学习成果的集中体现，也是对你这几年研究成果的最后总结。因此，你在这个阶段学到了多少知识，掌握了多少技能，都要通过毕业论文的方式向世界宣布。你毕业论文答辩的时刻，也将是你人生中重要的高光时刻之一。这是你向世界炫耀知识、炫耀技能的时刻，是值得充分享受的时刻。

那么，具体来说，你需要"炫耀"什么呢？首先，展示你对本学科领域相关知识的扎实掌握。通过深入讨论本学科内的一个重要研究话题，并清晰地展示你在解决这一问题时所采用的方法和思路，你能够在论文中体现出自己在该领域的专业知识水平。其次，炫耀你的研究能力，包括发现问题、分析问题、解决问题的能力。通过精心设计的研究方法和严谨的分析过程，你能够在论文中体现出自己在科学研究上的能力。再次，展示你敏锐的洞察力和创新思维。你发现了别人没有发现的重要问题，因而写了这篇文章，这正是你敏锐洞察力的体现。最后，展示你对世界的积极贡献。你在论文中所提出的理论新见解、实际应用价值和创新研究成果，不仅推动了学科的发展，还为实际问题的解决提供了新的思路。这些都表明你对学术界和实践领域的贡献。为了实现这些目标，论文的内容固然重要，但论文的表现形式或呈现方式也同样关键。本章我们就来探讨如何通过提升表现形式来为你的论文加分。

论文的呈现可以从两个方面进行探讨，即论文呈现的结果和过程。论义呈现的结果主要指写作风格，而论文呈现的过程则与写作效率密切相关。首先，关于写作风格管理，作者在撰写论文时要注意保持风格的一致性，确保语言表达清晰、逻辑结构严密、用词准确且专业。这种风格管理不仅有助于有效传达研究成果和观点，还能提升论文的说服力和学术价值，使读者能够更准确地理解作者的意图。其次，写作效率管理对于论文的成功撰写也至关重要。高效的写作不仅涉及合理分配时间和资源，还包括制订清晰的写作计划，设定明确的阶段性目标，避免拖延，并培养持续的专注力。通过有效的时间管理和精心的计划安排，作者可以在有限的时间内高效推进论文写作，确保在规定的时间内完成高质量的研究成果。

第二节 论文写作风格管理

一、写作风格的含义

首先我们来看写作风格。我们常常会听到这样一句话："Writing is like dressing!"这里，"dressing"可以理解为"穿衣"，即"写作像穿衣一样"。的确，我们平时穿衣会有不同风格的搭配，写作也是如此。"dressing"也可以理解为"点缀和装饰"。我们之前把写作的过程类比为做菜，通过点缀和装饰，就可以把风格较为原始和淳朴的食物变得更加让人垂涎欲滴。

写作风格也是如此。它是指作者有意识或无意识地运用语言或非语言因素达到的一种综合效果。写作风格可以通过段落结构、语态、修辞、证据的呈现方式、文献引用、表格和插图等手段的综合运用来表现。比如说，我们前面讲过，文献综述的方式可以采用纵向写法或横向写法，不同的综述方式会表现出不同的风格。再比如，当我们做案例研究时，案例分析的证据呈现方式也可以多种多样。论文的风格并没有统一的标准。但是，理想的论文风格应该具有这样一些特点：清晰、诚实、中肯、中立、翔实、专业，并且展示作者的思考。

我们先来看几个例子，让大家感受一下，不同的写作风格会带给读者什么样的感受。这几个例子，在内容的表达上都是没有问题的，只是写作风格的不同。

例 1：对采购员所需处理信息的要求过于精确会导致采购员高估或低估风险，并导致其对昂贵资源的不合理利用。而对其所需处理信息的要求不够精确则会导致所采购项目不合要求。

例 2：采购决策者有时会说明采购员所需处理的信息。他的说明可能过于精确，以至于采购员可能高估或低估风险。采购员也可能不合理地利用昂贵的资源。反之，决策者可能未指明哪些项目应该采购，导致所采购的项目不合要求。

例 3：当采购决策者过于精确地指定采购员需要处理的信息时，采购员可能会高估或低估风险，并且会浪费宝贵的资源；但是如果不够精确，采购员可能会采购到不合要求的项目。

我们可以看出，例 1 是一种较为正式的、相对"机械化"的写作风格。例 2 的风格显得没有那么机械，但却有些冗长。例 3 的风格较为亲切，信息传递也比较清晰。通过这些例子可以看出，在写作内容相同的前提下，不同的风格会影响作者与读者沟通的效率和效果。

二、论文写作风格管理的方法

尽管写作风格比较灵活，但其中有一些内容仍然是需要我们注意的！首先就是整篇文章所呈现的形象，其次是整篇文章所留给读者的印象。我们分别称其为论文的形象管理和印象管理。下面我们来详细讲解。

（一）形象管理

论文形象管理中需要我们注意以下几个方面：不要露怯、不要吹嘘、体现学术性，以及遵守本专业的惯例。

形象管理的第一点要求是不要露怯。具体来说，第一，不要为不充足的工作而道歉，比方说文献综述写得不完整或者实证检验不全面等。如果你的相关工作做得正确而且到位，那么你就完全没有必要道歉或请求宽恕。相反，如果你的相关工作没有做好，那就不要展示出来，而是应该回过头来重新把这些工作做扎实。第二，不要使用带有怀疑语气的词语，比如可能、似乎等。使用这些猜测性的词语，等于是说，我没有实实在在的证据、我的文章结论没有完全令人信服。第三，不要使用模糊不清的表达，这一点我们在之前的内容中讲过了，这也是文章不自信的表现。第四，关于文章假设部分的处理一定要非常小心。这个部分很容易让人产生怀疑。因为没有问题的事实是不需要假设的，需要提假设的一定是有争议的问题。因此，在提出并论证假设时，我们一定要拿出充足的证据。

关于这一点，我们来看两个例子。第一个例子，"我们发现了以下结果……然而，参与者后来的反馈表明，我们最初的实验说明存在模棱两可的情况。当我们用修改后的实验说明和一组新的参与者重复之前的实验时，结果如下……"。这个例子表明，作者对自己的研究非常自信，不担心受到读者的质疑。他的做法是，在描述了第一次实验的问题后，马上继续强调："当我们用修改后的实验说明和一组新的参与者重复之前的实验时，结果如下。"作者没有花费大量篇幅去解释为什么要进行第二次实验，而是直接呈现了修正后的结果。这种写法的潜台词是：重做实验是理所当然的，无须请求读者的原谅或者为数据不足辩解。这种方式充分展示了作者对其研究设计的自信，不给读者留下攻击的机会。相反，如果作者花大量篇幅去解释重做实验的原因，就可能会引发读者对实验设计合理性的质疑。

再来看第二个例子，"本研究包括三组参与者，每组四名。第一组是行业内的专家学者，第二组是企业管理人员，第三组是普通消费者"。这种写法的潜台词是：本研究旨在检验特定理论。我非常清楚自己在做什么，也完全理解不需要使用大样本。现在，我们继续探讨下一个话题。对于初学者来说，其可能会因为样本量小而向读者道歉，这样做实际上是在引发读者的怀疑：为什么不增加样本量？这么小的样本量能充分说明问题吗？然而，这里的作者非常自信，即使只有 12 个样本，他也没有因此道歉，因为他清楚地知道，尽管数据和样本量很重要，但这篇论文并非大样本研究，而是实验研究，小样本是足够的。而且，对于实验研究来讲，过大的样本量可能反而表明研究设计不够精确。当然，这并不是说小样本一定比大样本好，而是无论选择何种样本量，都必须有充分的理由，并清晰、自信地表达出来。

形象管理的第二点要求是不要吹嘘，保持谦虚和真实。这里的主要意思是，不要过分夸大文章的贡献或创新点，否则会显得不够严谨甚至缺乏自信。如果你过度阐述自己工作的独特性或重要性，读者往往会立刻识破这些夸张的表述，从而对文章的可信度产生怀疑，甚至对你展开批评。因此，在描述研究贡献时，我们应注重客观事实，提供实际数据和证据支持，不要使用模糊的形容词或夸张的语言。此外，文章中不要使用自己不熟悉的专业词汇和术语，因为滥用这些词汇不仅可能会引起读者的误解，还可能会暴露你的不专业和不成熟。如果我们确实需要使用较为生僻的专业术语，那么我们务必要在撰写过程中深入理解它们的含义和应用场景，确保每一个术语的使用都准确无误。

形象管理的第三点要求是体现学术性。这一点对于建立严谨而专业的学术形象至关重要。学术性通常体现在以下几个方面：恰当使用学术语言、正确运用专业术语以及合理引用参考文献。首先，恰当使用学术语言有助于表明你对学术规范的尊重和遵守，体现了你严谨的研究态度。这种语言不仅可以增强论文的专业性，还可以让读者感受到你作为学术圈一员的严肃和认真。其次，正确使用专业术语能够显示出你对本领域专业知识的深刻理解和熟练掌握。这意味着，你不仅对研究问题有深入的把握，还能与领域内的其他学者有效沟通和交流。最后，合理引用参考文献表明你对相关领域已有研究的熟悉程度。引用他人的研究成果，不仅是对前人工作的尊重和认可，也表明你是基于已有的理论框架开展研究。系统、合理的引用，可以增强你的研究说服力，帮助读者更好地理解你的研究背景和理论依据。

形象管理的第四点是遵守本专业的惯例。每个专业都有其特定的惯例和标准，这些惯例有些是由正式文件和学术规范明确规定的，如格式要求、引用风格、研究方法等；而有些则是通过长期的学术实践和交流逐渐形成的约定俗成的规则，比如学术语言的使用、文章结构的安排，以及如何处理特定类型的数据等。我们一般通过仔细研读本领域的优秀文献来发现和总结这些惯例。遵守专业惯例不仅体现了对本学科科学标准的尊重，还为你的作品提供了一个进入本专业学术交流的通行证。专业惯例为论文的写作提供了客观的评价标准，使同行评审和学术讨论有据可依。此外，这些惯例还有助于你在学术答辩和发表文章时增强学术说服力和可信度。作为研究生，我们在学位论文答辩过程中，要时刻显示自己是专业人士。通过使用专业人士的语言和行为习惯，你不仅能向读者和听众展示你的专业素养和研究能力，也在传递一个信息：你是本专业领域的一员，拥有相关的学术背景和研究经验，而不是一个对该领域了解有限的门外汉。这样，你的学术观点和研究成果才更容易得到他人的认可和接受。

（二）印象管理

接下来，我们再看写作风格管理的第二个方面，印象管理。在讲解之前，我想请同学们先思考一下，有没有什么办法可以知道我的文章究竟留给别人什么样的印象呢？

对此，一个非常行之有效的方法是删除文章中路人皆知的内容，看看还剩什么。最后剩下的部分，基本就是你的论文留给别人的印象了。关于这个方法的应用，我们来看两个例子。

例1：互联网是全球发展速度最快的技术。如今，人们可以通过互联网从世界各地的网站下载电影片段和最新音乐，甚至可以实时观看航天飞机的发射。同时，互联网也为企业提供了大量的机会，使它们能够以极低的成本在全球范围内推广产品。然而，由于众多企业在网络上争相吸引用户的注意力，因此对于企业来说，拥有一个令人印象深刻的网页并通过它向客户准确传达信息显得尤为关键。否则，企业可能会在这一过程中传达错误信息，错失销售机会，甚至浪费资源。

请同学们阅读这个关于互联网的例子。读完之后，删除该段落中众所周知的内容，看看还剩什么。

例2：网页设计是一个综合性的领域，涵盖用户体验、用户界面设计、信息架构和响应式设计等多个方面。用户体验设计旨在通过优化用户与系统的交互过程来提升用户满意度（Garrett，2010）。用户界面设计则专注于界面的视觉表现，包括色彩搭配、排版和图标设计，旨在增强用户的互动感受（Krug，2014）。信息架构涉及对信息的系统化组织，以便用户能够高效地找到所需内容（Rosenfeld et al.，2015）。此外，响应式设计是现代互联网设计的重要策略，它通过使用流式网格布局、灵活的图片和媒体查询技术来确保网站在不同设备上具有一致的用户体验和视觉效果（Marcotte，2011）。综合上述几个方面的网页设计方法不仅能提高网站的适应性，还能优化跨设备的用户交互体验（Eldridge，2014；Beaird，2014）。

同样地，对于例2，也请同学们进行上述操作。

我们发现，例1经过删除之后，所剩内容为零，这也就是这段文字给读者留下的印象。而例2剩余了一些专业词汇和一些文献来源。这表明，例2的作者对文章的完成度比较好。他仅仅在这一段中就引用了不同来源的文献，包括经典的文献，而且还使用了网页设计相关的专业词汇。这样的写法就比较容易给读者留下客观、专业、规范的印象。

大家需要注意，你不用对每一段都采用这样的写法。但是，这样的写法在文章中出现得越早越好。如果你把你的专业性体现在文章的第二页，那就太迟了。因为第一页已经先入为主地给读者留下了不那么好的印象，放在第二页就很难改变了。

通过上面的例子我们不难看出，一篇论文可能会给读者留下良好的印象或者糟糕的印象。那么，什么是良好的印象呢？我们在这里概括两点。第一，我是一个态度端正的专业人士；第二，我知道我在做什么。相应地，糟糕的印象也体现在两个方面：第一，我懒惰、粗鲁、不诚实；第二，我毫无头绪、不知所云。我们下面具体来看。

首先，我是一个态度端正的专业人士。具体体现在，我深知细节的重要性。在论文写作中，我特别关注字词的使用以及参考资料的布局，确保它们都符合标准和规范。在完成工作时，我严格遵循了计划和时间表，确保每一项任务都得到了妥善处理。在我的论文中，我有条理地展示了应该完成的所有工作，并通过逻辑清晰的文章结构和充分的实证支持来展示这一点。在我的写作过程中，我始终遵守本专业领域的惯例和规定。我努力确保我的论文不仅在内容上，而且在形式上都符合这些惯例。在呈现我的工作时，我以清晰、干净、简洁的方式，把我的工作有条理地介绍了一遍，确保读者能够轻松理解和跟随我的研究思路。

其次，我知道我在做什么。具体体现在，我对本专业所有重要的文献都有充分的了解，我不仅知道它们的内容，还仔细阅读过，因此我对其中的主要观点和发现有准确的理解。同时，我按照正确的格式对这些文献进行了引用。此外，我还广泛阅读了其他与我的研究相关的信息，从而为我的论文提供更全面和有力的支持。在引用这些附加信息时，我同样遵循正确的引用规范，以确保信息来源的准确性和可追溯性。我对本领域的专业概念有深入的理解。通过正确使用这些专业术语，我可以与同行分享我对问题的深刻见解，并确保我的论文在学术上具有可信度和权威性。

而糟糕的印象之一是，我被认为懒惰、粗鲁、不诚实。这种印象可以从多个方面显现出来。例如，文章中几乎没有参考文献或重要信息来源，这使得文章论点缺乏必要的学术支持，降低了文章结论的可信度；文章中频繁出现错别字和语法错误，显示了我对细节的疏忽；文章缺乏支撑论点的实证证据，这不仅削弱了论证的说服力，还可能导致结论的可信度受到质疑；有些段落的写作质量明显高于其他段落，这种不一致的表现可能会引起读者对整体内容质量的质疑；某些段落与网上已有内容相似度高，可能引发抄袭的嫌疑，影响了文章的原创性；引文中作者名字的错误书写或致谢部分对他人头衔的误用，也反映了我对细节的不重视，进而影响了专业形象。

糟糕的印象还有，我在工作中表现出毫无头绪、不知所云。具体体现在以下三个方面：首先，我可能没有充分阅读或了解相关领域的文献，这使得我对已有研究成果和理论背景缺乏必要的认识，从而导致文章的理论基础不够扎实。其次，文章中存在明显的错误，而我对此没有足够的觉察和修正，这不仅影响文章质量，也可能误导读者。最后，我对文章中的主张缺乏足够的自信，在论证过程中以及得出结论时都显得犹豫不决，这种缺乏自信的态度也可能影响文章结论的可信度。

那应该怎么去进行印象管理呢？其实很简单，就是不断地检查和修改。大家常说，好的论文是改出来的。有时候，论文的修改工作甚至比写作本身所花费的功夫要多得多。因此，请同学们务必重视论文的修改工作。在修改过程中，我们一定要对文章的错别字和标点符号等最基本的内容进行检查。如果读者发现一两处类似的错误，那整篇文章都会被贴上不认真的标签。此外，我们还要对文章词、句、段的表述和篇章的逻辑进行不断的修改和完善。

第三节　论文写作效率管理

一、提高论文写作效率的重要性

你是否出现过这种情况：坐在电脑前准备写论文，过了很久，却无法敲出一句完整的话？

论文写作效率是论文呈现的关键组成部分。论文的呈现不仅仅是最终成果的展示，它涵盖了从构思到成稿的整个过程。而在这个过程中，论文写作效率决定了论文能否高效、有序地被构建出来。如果写作效率低下，作者的思路会经常被打断，论文的内容就难以流畅地输出，可能导致论文的呈现出现断断续续、逻辑不连贯的情况，进而影响文章整体的质量和可读性。同时，从时间管理的角度来看，论文写作效率也至关重要。学位论文的撰写往往都有严格的时间限制，论文写作效率低下可能导致无法顺利达到毕业要求。此外，从心理层面来讲，较高的论文写作效率可以减轻作者的心理压力。当我们看到自己的论文在高效推进，成果在不断积累时，我们就会产生成就感和自信心，这种积极的心理反馈会进一步促进写作过程。相反，如果长时间写不出东西，我们就会产生焦虑、自我怀疑等负面情绪，对论文写作产生抵触心理，从而陷入恶性循环。

不过，论文写作效率低下的情况的确太普遍了。我们在漫长的论文写作过程中总是会遇到各种问题，包括语言无法正确表达，专业知识缺乏，词汇量匮乏，等等。所以，如果你碰到了这种情况，请你不用担心。重要的是，你需要找到一些解决办法。

二、提高论文写作效率的方法

这里给同学们总结了一些改善论文写作状态，提高论文写作效率的方法，包括但不限于做好充分准备、清除分散注意力的事物、开始打字或提笔、提高专注力、增加写作的趣味性、组织你的想法、结构化写作、改变呈现方式、可持续发展等。

127

这些方法既适用于论文初始写作阶段，也适用于后期修改阶段。以下我们分别来讲解。

（一）做好准备

在开始论文写作之前，准备好论文写作所需的工具至关重要。确保电脑、笔、笔记本，以及任何其他可能的辅助工具都在手边，可以随时取用，避免因寻找工具而中断写作的连贯性。及时清理（电脑或实体）桌面也非常重要，保持工作环境的整洁不仅有助于提高工作效率，还能减轻心理上的杂乱感和焦虑感，创造一个有利于写作的氛围。如果你使用电脑进行写作，一定要提前充好电，防止在关键时刻突然断电。做好数据的备份工作也同样重要，你可以定期将文稿保存到云端或其他安全的存储设备中，以防止意外的数据丢失。此外，尽量远离液体饮品，以避免不小心洒到键盘或电脑上，造成设备损坏和数据丢失。通过这些措施，你可以创建一个更为安全、稳定和专注的写作环境。

（二）善用"思维保险箱"

除物理环境外，思维环境也很重要。要消除那些容易分散你注意力的事物，一个有效的策略是善于利用"思维保险箱"的概念，它把与你写作无关的其他想法，甚至是一些无关的学术观点，暂时存放在一个虚拟的"保险箱"中。这样做可以帮助你在写作时保持思路清晰和专注，不被其他杂念打扰，避免思维跳跃或偏离主题。在写作期间，你不要打开这个"思维保险箱"，直到你完成了手头的工作。

（三）开始打字

做好准备工作之后，最重要的就是要开始行动：打字！你可以选择先写论文中你最熟悉、最喜欢的部分——可以是研究设计或结果汇报，也可以是文献综述或假说推演。这样可以最大限度地帮你减少抵触情绪，使你较为容易地进入论文写作状态。但是请注意，对于一些特殊的部分，比如引言、摘要和结论，即使你喜欢，也请把它们的写作安排在最后。

当你正式开始论文写作时，你可以尝试一下一些小技巧，比如：

首先，开始论文写作时，我们可以不用马上写论文，而是可以给自己十分钟。这段时间内，你可以写自己感兴趣的任何东西，包括散文、小说、诗歌、日记、微博、朋友圈等，当然，也可以是论文。重要的是，在这个过程中，你可以不用在乎语法、措辞、通顺、流畅、连贯等要求，可以天马行空；你只需要与文字打交道，帮助你进入词语、句子和段落的组装状态即可。当然，如果你喜欢这段时间的小作品，那可以把它保留下来。

其次，在具体论文写作时，我们可以选择"滚雪球式写作"。这一方法的核心在于打破完美主义的束缚，不论如何，先写出一些东西，哪怕这些内容看起来是不完善的，甚至可能包含错误的观点或逻辑漏洞。这样做的好处是，你为自己建立了一个基础，可以在后续的写作过程中对这些内容进行逐步加工、批判或反驳。通过对初稿的不断修正、补充和完善，你能够逐步接近你希望达到的最终结果。因为修改和完善现有内容往往比从零开始创作要容易得多，这种方法可以有效减少写作过程中因无从下笔而产生的焦虑感，并有助于推动写作进展。

再次，我们还可以采用"填充式写作"策略。这种方法强调从整体到局部逐步展开，从文章的最大轮廓开始创作。我们可以先搭建一个条理清晰、结构分明的框架，包括主要章节和段落的安排，然后逐步细化每一个部分的内容。从大框架到小细节的逐层填充，不仅有助于保持文章的逻辑连贯性和结构一致性，还可以让你更容易找到写作的切入点。每一次填充和润色，都是在为文章增加深度和细节，使得最终的成品更加精致和完善。

最后，在开始论文写作时，如果你实在懒得动笔或者感到束手无策，那么你可以采用一种"假手于人"的方法。你可以请一位书记员来帮助记录你的想法。你以讲故事的方式将你的构思、观点和思路讲给他听，并让他对这些内容做详细的记录。这种方式不仅能够快速帮助你理清思路，还能激发你更多的写作灵感。如果没有书记员在场，你也可以使用录音设备将自己的讲述和思考过程记录下来。之后，你可以回听这些录音记录，然后再对内容进行反馈和修改。这种方式不仅能让你捕捉到更多的灵感和想法，也能有效帮你克服最初的写作惰性，逐步进入论文写作状态，从而使你的写作过程更加顺利和自然。

千里之行，始于足下。不论采用什么方法，最重要的都是从现在开始行动。请记住，拖延是"癌症"，越拖越严重。

（四）提升专注力

要提高论文写作效率，提升论文写作的专注力是至关重要的一环。为此，我们可以尝试寻找写作伙伴。与一位或多位伙伴一起写作，能够互相督促和激励，同时也可以营造一种积极的论文写作氛围，使整个过程更加有趣。当你知道有人和你一起努力时，你的动力也会更充足，进而提升论文写作效率。

除寻找写作伙伴外，我们还可以尝试改变论文写作环境。你可以选择在图书馆、咖啡馆等场所进行写作，这些地方通常有安静或适度的背景音乐，可以营造一种有助于集中注意力的氛围。这种环境的变化不仅可以激发新的灵感，还能帮助你摆脱

129

日常工作或家庭环境中的干扰，从而更容易专注手头的论文写作任务。

另外，在论文写作过程中保持积极的思考习惯也有助于提升专注力。不断地对自己提出问题可以帮助你保持头脑清醒和思维活跃。由于写作的本质是解决问题，每一篇论文的各个部分都旨在解决特定的细分问题，因此我们可以持续自问："我现在需要解决什么问题？"或者"这部分内容需要回答哪些具体的问题？"这种自我提问的方式能够引导你有针对性地写作，确保每一段文字都有明确的目的和方向。通过这种方式，你不仅能提高写作的专注度，还能有效避免在无关问题上浪费时间，进而提高整体的写作效率。

（五）增添写作趣味性

为了使写作过程不那么枯燥乏味，你可以想办法为写作增添一些趣味性。首先，你可以通过改变写作模式来给自己带来新鲜感。你可以尝试调整文字的外观，例如改变字体类型、字号大小和行间距，甚至可以应用不同的页面颜色或背景，以创造出一种视觉上的差异感。你还可以学习使用一些专业的排版工具，比如 LaTeX 等，以获得更加精美、专业的排版效果，这不仅能提高文本的美观度，还能带来一种成就感。

除改变文字的视觉呈现外，你还可以通过调整论文内容的表现形式来增加趣味性。比如，在适当的地方插入图表或表格，以视觉化的方式展示数据或复杂概念，这样不仅可以使内容更加生动直观，也能提高你的写作兴趣。此外，你可以尝试改变写作的媒介，偶尔放下键盘，拿起钢笔或者彩色铅笔手写一些笔记或草稿。这种手写的过程，不仅能激发创造性思维，还能带来一种独特的触感体验，提升写作的趣味性。

另外，你可以采用讲故事的方式来表达复杂的概念或理论。如果你愿意，不妨将论文的初稿改编为更加大众化的形式，比如写成短篇小说、相声台词、甚至歌词。这种改编不仅可以帮助你以更轻松的方式与自己的研究课题建立情感联系，还能为后续的学术写作注入新的灵感和动力。这些小的创新和尝试能够使写作过程变得更有趣、更有创意，同时也有助于缓解你长期专注于学术写作所带来的疲劳感。

（六）组织你的想法

提高论文写作效率还需要清晰地组织你的想法。我们在论文写作的过程中，思维往往处于发散状态，在这种状态下我们很容易产生一些新的想法。虽然这些想法可能很有价值，但它们有时也会打乱我们原本的写作节奏，导致分心或偏离主题。因此，有效管理这些想法是非常重要的。一种实用的方法是将写作过程中产生的想法以要点的形式记录在卡片上，然后通过拼图的方式去构建自己的思维框架。你也可以采用思维导图来整理和组织你的思维。采用思维导图进行文献综述，它能够帮助你梳理研究现状、发现研究空白；采用思维导图构建文章理论脉络，它能够为你提供一个清晰的全局视角，使得复杂的内容更容易理解和表达。

除这些传统的方法外，你也可以探索其他创新的方式来组织你的思维。例如，利用数字化工具和软件进行动态的思维整理，使用白板和便签进行视觉化的头脑风暴，或者创建一个虚拟的"学术生态系统"，将不同的想法、观点和论据以图形化的方式展现出来，从而帮你有效管理思维并激发思考。

（七）结构化写作

结构化写作也是提升写作效率的一个重要策略，其主要包括时刻关注文章结构、创建写作模板以及回溯写作。首先，时刻保持对文章各层级结构的敏感性。这可以通过"见鬼"的方式来实现。这里的"鬼"指的是我们之前提到过的"GOST"，即"Great Overall Scheme of Things（大局观）"。在写作时，你始终要以整体写作目标作为纲领，不断地回顾和检查自己的进展，以确保每个步骤以及各个部分的安排都紧扣主题，避免无关的内容分散注意力或导致偏离核心议题。你也可以尝试给每个段落贴上标签，明确标示出每段文字在全文中的具体作用，如引入论点、提供证据、反驳对立观点等。这也有助于你理清文章前后段落的逻辑关系，确保论述的连贯性和结构的严谨性。

其次，注重日常积累和创建自己的写作模板也是至关重要的。通过学习和分析一些高质量的范文，你可以提取出其中的规范写作方法、结构安排以及逻辑组织方式，并将这些有效的方法融入自己的写作中。这些"模板"不仅能够帮助你在面对复杂写作任务时迅速找到方向，还能为你提供一个可靠的框架，从而使写作过程更加流畅。

最后，回溯写作作为结构化写作的一种重要方式，也有助于提高写作效率。回溯写作指的是你可以先设想出一篇完整论文的最终形态，然后从中识别出核心组成部分及其相互关系，进而把各部分的内容还原出来。通过这种倒推的方式，你可以逐步分解出实现这些目标所需的具体步骤和方法。这种"由结果推过程"的方法不仅可以帮助你更好地把握文章整体脉络，确保每个部分都有明确的方向和目标，而且能在一定程度上降低思维难度，提升写作效率。

（八）改变呈现方式

改变论文的呈现方式也是提升写作效率的一个有效途径。首先，你可以尝试大声朗读你的文章。这种方式通过不同的感官刺激带来新的体验。当你用听觉而非视觉来接收文章的信息时，你会有不同的感受和发现。这不仅有助于你发现文章中的语法错误或表达不畅的地方，还能帮助你更好地把握文章的整体脉络和逻辑。此外，在大声朗读的过程中，你还可以思考文章可能会遭受的批评或质疑。从读者的角度来审视你的文章，有助于你识别论证中的薄弱环节和潜在漏洞，从而提前做好修改和补充的工作，以增强文章的说服力。

其次，你也可以把你的论文当作剧本，并尝试用一种独特的方式表演出来。你可以把文章中的观点、论证和数据转换成对话、情节或场景，亲自演绎这些内容。表演的过程不仅可以帮你更加直观地理解和阐述复杂的概念，还能激发出更多的创造性思维和灵感。这种多感官、互动式的表现形式，能够让你从不同的视角重新审视和优化你的论点，同时也为写作过程增添了趣味性，使得学术写作不再枯燥乏味。

（九）可持续发展

论文写作不会一蹴而就，而会像一场马拉松，需要持续的耐心和持久的努力。因此，你需要做好可持续发展的准备，并在过程中及时给予自己正向反馈，从而帮助自己在长期的写作过程中保持持续的写作动力，维持良好的心理状态。首先，你要学会在写作过程中给予自己积极的心理暗示。面对困难或瓶颈时，你不妨回顾一下自己已经完成的工作，认可自己的进步，并告诉自己："我已经走了这么远，我一定能坚持下去。"

其次，你可以根据总的写作进程设定一些可实现的小目标。这些目标可以是时间目标，例如"每天写作至少两小时"或者"在一周内完成某一章的初稿"；也可以是内容目标，比如"今天完成引言部分的写作"或者"整理好参考文献"。这些小目标应该是具体的、可测量的，并且可以在短时间内完成，从而帮助你保持进度和节奏。然后，根据这些小目标制订详细的工作进度"打卡表"。这个进度"打卡表"可以是电子表格、手写计划，也可以是专门的任务管理软件。通过记录每天的写作进展，你可以清晰地看到自己的进步，增强成就感。这种视觉化的进展追踪不仅有助于你保持动力，还可以帮你发现哪些部分需要更多的时间和精力，从而更合理地分配资源。

最后，根据目标的完成情况，你可以为自己设计一些奖励计划。在完成某个小目标后，你可以给自己一些小小的奖励，比如享用一顿自己喜欢的美食、看一集喜欢的电视剧，或者做一次自己感兴趣的休闲活动。如果是完成了更大的阶段性目标，你可以考虑更丰厚的奖励，比如安排一次短途旅行或者购入一件自己一直想要的物品。这些奖励不仅是对自己努力的肯定，更是一种心理上的激励，有助于减轻长时间写作带来的压力和疲劳感。

（十）最后的建议

请同学们牢记，论文写作是一项技能，它和其他一切技能一样，是可以通过练习来提高的。并且，好文章一定是一点点修改出来的，而修改文章的过程是一个螺旋式上升的过程。因此，在论文写作和修改的过程中，我们要积极展示，增进交流，多听取并仔细揣摩来自老师和专家的修改意见，这样才能更快进步。

第九章
"品味"：论文写作规范、评价与伦理

第一节　论文写作规范

论文在不同阶段都有特定的写作规范，因此，我们首先来看论文的写作程序，以及每个程序中的规范。一般来说，论文写作包括四个大的步骤，即选定论题范围、草拟论文提纲、撰写论文初稿和完成论文定稿。其中，选定论题范围我们在第二章中已经详细论述过了，现在我们从草拟论文提纲开始讲解。

一、草拟论文提纲

论文提纲，在研究生毕业流程中被称为开题报告，主要用于规划和指导整个论文的写作过程，是全文的纲领。它可以帮助作者在开始写作之前建立明确的组织架构，并为作者提供清晰的写作思路。它将整个论文划分为不同的章节和部分，指导作者在写作过程中有条不紊地展开工作。同时，提纲可以帮助作者合理安排论文中的各个部分，确保它们之间的逻辑关系和连贯性。此外，提纲可以帮助作者充分考虑每个部分的要点，避免遗漏重要内容，有助于确保论文观点的全面性和完整性。

一般来说，论文提纲的内容主要包括论文题目、论文主要研究内容、论文选题的理论意义及实用价值、相关研究现状和发展趋势、研究方法和数据、主要参考文献以及研究可行性分析等。

论文提纲的形式一般有三种。第一，标题式提纲，也就是用简要的词语概括内容，并以标题的形式列出；第二，句子式提纲，也就是用一个能够表达完整意思的句子来概括内容；第三，段落式提纲，这是句子提纲的扩充，经常用来编写较为具体详细的提纲。在一篇论文提纲中，上述三种形式也可以混合使用。

在具体写作论文提纲时，你可以遵循以下步骤。第一，根据文章的主题，划分文章的各个组成部分，并拟定各级标题。文章部分的划分要符合文体规范，各级标题的拟定要力求简洁醒目。第二，对文章各部分逐层展开，扩展深化。具体来讲，我们可将每个部分按一定的逻辑分为若干层次，进而将每个层次按内容分成若干段落。接着，确定每个段落的主题，并写出每个段落的主题句。如有必要，可以对段落内容及所需材料做适当备注。第三，检查整个提纲，并作必要的修改。在这个过程中，我们需要重点推敲题目是否恰当，斟酌提纲的结构是否能阐明中心论点或说明主要议题，检查各部分、层次、段落的划分是否合乎逻辑，以及验证材料是否能充分支持问题。

我们之前提到，在文章的各部分内部，有一个结构层次的概念。这些结构层次服务于文章各个部分，且内容范围大于段落。那么，论文提纲的结构层次可以如何安排呢？常见的方式有三种：并列法、递进法和因果法。并列法是将几个观点或几个问题并列在一起，形式上彼此独立，内容上共同为说明主题服务。各层次之间必须有内在联系，不能互相矛盾、重复、包容，分类的标准、角度要一致。递进法是按照主题的各个层次，或按照事件发展的先后次序，或按照问题逐层深入的关系来安排层次。因果法即区分事件的原因和后果。在安排层次时，可以结果在前、原因在后，也可以原因在前、结果在后。

二、撰写论文初稿

在拟定提纲以后，我们就可以开始论文初稿的撰写了。在这个阶段，我们需要重点关注三个问题：论文形式、正文结构以及格式规范。首先，关于论文形式，各领域、各专业、各学科都有明确的规定，同学们需要结合本学科的具体要求来执行。比如，会计专业硕士学位论文是结合管理实践的综合研究结果，提倡问题导向型研究和案例研究。其次，关于正文结构，我们在第四章中已经详细讨论过了，此不赘述。最后是写作的格式规范。大体来说，格式规范包括标题划分、注释、数字、计量单位、图表，还有公式等的使用规范。与论文形式和正文结构相类似，不同专业、不同学科都有自己明确的格式规范，而且这些规范还会经常更新。因此，提醒同学们在撰写论文初稿之前，一定要先明确本学院最新的写作格式规范要求。

三、完成论文定稿

论文的定稿阶段是确保论文质量的关键时期，主要包括两个重要工作：文稿修订和誊清定稿。

（一）文稿修订

关于文稿修订，我们需要开展如下四个方面的工作：

第一，检查观点。仔细审查论文中的主要观点和论点，确保它们不仅准确无误，而且具有一定的学术价值。确保所有观点都经过充分的论证和支持，并且与研究目标一致。同时，检查观点是否表达得清晰明了，避免模糊或含糊的表述，确保读者能够轻松理解作者的意图。

第二，验证材料。检查所引用的材料是否确凿、可靠，是否能够有效地支持论文中的论点。检查引用的文献是否权威，数据是否准确。检查材料之间是否相互配合，能否有力地说明论点。确保所有论据都逻辑严密，能够有力地支持论文的主要论点。

第三，调整结构。确保论文的核心论点或研究问题在整篇论文中突出显示，不会被次要内容掩盖。检查论文的各个部分和层次是否分明，确保结构合理。每个部分应有明确的目的，并与整体主题紧密相关。审查段落的划分是否合适，是否能够有效地组织内容。检查段落之间的过渡是否自然流畅。确保引言部分能够引起读者的兴趣并清晰地介绍研究背景，结论部分能有效总结研究成果并提出可能的未来研究方向。

第四，修改语言。检查论文的语言是否通顺流畅，确保表达准确且富有逻辑性。避免使用冗长或不必要的词语，使语言更加精炼。检查语言风格是否符合学术论文的要求，避免口语化或不正式的表达方式。检查论文的格式是否规范，包括字体、字号、行距等。确保标点符号的使用准确无误，文字书写没有错漏。

（二）誊清定稿

在完成上述修订工作之后，我们还应对文稿进行最后的审查之后才能誊清定稿。这一阶段的重点是确保文稿在提交之前达到最高的质量标准。主要包括：

第一，校对和验证。进行细致的校对，验证所有的引用、参考文献以及数据是否正确，确保没有任何错误或遗漏。

第二，一致性检查。检查文稿中是否存在风格、格式或内容上的不一致，确保整篇论文的一致性和统一性。

第三，印刷和排版。如果论文需要印刷或提交电子版，确保排版整齐规范，文件格式符合要求。

第四，最终审查。进行全面的最终审查，检查所有修订是否已落实，确保没有遗漏任何细节。

第二节　论文答辩评价

一、论文答辩的注意事项

我们的论文定稿之后，需要接受一系列评审和答辩才能通过，我们接下来就讲一讲论文的答辩评价。我们在上一章中提到，论文的形象和印象很重要。请大家想一想，你论文的受众都有谁呢？至少包括你在论文写作环节的指导老师，论文评审环节的评审专家，论文答辩环节的答辩委员，等等。他们的要求都极其严格。因此，大家可以把我们论文答辩的过程想象成狼捕猎的过程。如果你的论文放眼望去满目疮痍，那肯定会成为答辩老师重点攻击的对象。所以，如果你不想被攻击，那就需要做到，在全副武装之前，请不要出门；出门之后，发出正确的信号。

首先，在全副武装之前，请不要出门。作为猎物，如果有开放的伤口，那就不要进入捕食者的领地。如果你的作品不够好，那就不要把它公之于众。你要尽量把所有工作做好，而不是为不充分的工作道歉。

其次，既然我们来到了答辩现场，那就要发出正确的信号，表明我们的论文是合格的。上场时要带上自己的论文、资料和笔记本，这有助于在答辩过程中随时查阅、引用并记录相关信息。注意开场白、结束语的礼仪。开场白是你引入答辩主题和自我介绍的机会。你可以简要介绍自己论文的主题和研究目标，同时表示愿意接受答辩委员会的修改意见。结束语可以总结你的主要观点和结论，再次感谢在场的人。答辩时使用普通话，坦然镇定，声音洪亮，吐字清楚，让在场的人都能听到。在答辩中，你要确保答辩内容逻辑清晰，具有说服力和感染力，能够说服评审委员。听取答辩老师的提问时精神要高度集中，要将答辩老师所提的问题一一记在笔记本上。对答辩老师提出的问题，你要审慎地回答，抓住关键词语，直接入题，言简意赅，不绕圈子，不转换话题，更不要答非所问。整个过程你要有答有辩，有坚持真理、修正错误的勇气。对有把握的问题，你要肯定地回答或申明理由；对于拿不准的问题，你可不进行辩解，实事求是地做出回答，回答时态度要谦虚。你要既敢于阐述自己独到的新观点和真知灼见，维护自己的正确观点，反驳错误的观点，又敢于承认自己的不足，虚心接受意见，积极修正错误之处。

二、学位论文的评价标准

对于学位论文的评价，一般从以下七个方面进行。第一，论文选题。如选题是否符合本学科、本专业的要求，是否具有较强的理论意义与实践价值等。第二，论文观点。如观点是否正确、是否具有创新性、是否与实践紧密联系等。第三，研究方法。如该方法的使用是否合理、恰当、严谨等。第四，文献引用。如文献梳理是否全面、新颖、规范等。第五，论文结构。如结构是否完整、符合逻辑等。第六，论文格式。如论文排版是否正确、美观，文字表述是否精确、流畅等。第七，答辩水平。如观点陈述的流畅性、问题回答的正确性以及答辩思路的敏捷清晰等。

从这七个方面入手，评选出的优秀论文一般来说具有以下特点：论文选题符合学科前沿，内容充实，能综合运用所学的专业知识分析问题，观点正确，有独到的见解和鲜明的创新。论文能紧密结合我国经济形势及企业的实际情况，有一定的应用价值。材料典型真实，既有定量分析，又有定性分析。论文结构严谨，文理通顺，层次清晰，语言精练，文笔流畅，格式正确规范。答辩中回答问题正确、全面，比较深刻，并有所发挥，表达清晰、流利。请同学们按照以上标准对标自己的论文。

而不及格论文则一般具有以下特点：文章观点有严重错误。有论点而无论据，或生搬硬套教材和参考书上的观点，未能消化吸收。偏题或大段抄袭别人的文章，弄虚作假。缺乏实际调查资料，内容空洞，逻辑混乱，表达不清，语句不通。在答辩中回答问题有原则错误，经提示不能及时纠正。请同学们引以为戒。

第三节　研究伦理

研究伦理是指在进行科学研究的过程中，对研究参与者、研究对象以及研究结果的道德责任和准则的一套规范。它涉及研究人员在研究开展的各个阶段应该如何行为，以保障研究的诚信和可靠，同时尊重和保护参与者的权益和尊严。

我们将从数据采集、数据分析和论文写作三个阶段入手，看看每个阶段涉及的研究伦理的关键方面。

首先，数据采集阶段的研究伦理主要包括以下四个方面：第一，知情同意。在搜集数据之前，我们必须获得参与者的知情同意。无论是采用问卷法、实验法，还是采用访谈法，所有参与研究的人都必须是自愿参与。同时，参与者应该清楚地知道他们参与研究的目的、过程、风险和利益，并有权拒绝参与或随时退出。第二，隐私保护。研究者有义务确保搜集的数据不会泄露参与者的个人身份信息，并采取适当的措施保护隐私。尤其是对于涉及敏感信息的研究，研究者更要确保数据的机密性，以防止未经授权的访问。第三，权益保障。研究者要尊重研究参与者的权利和尊严，确保不会对其造成身体或心理上的伤害。如果在研究过程中确实存在对参与者造成心理影响的可能性，那么研究者就应该在研究开始前告知参与者可能出现的心理伤害，让其自行决定是否参与。第四，数据真实。在数据搜集阶段，研究者要确保所搜集的数据是客观真实的，而非经过研究者的刻意扭曲。研究者不能刻意选择符合预期的研究对象，也不能刻意诱导参与者做出符合预期的决策。此外，研究者也不能根据当前的结果随意决定是否停止搜集样本。这些做法都会造成研究数据失真。

其次，数据分析阶段的研究伦理主要包括以下三个方面：第一，数据处理。在处理数据时，研究者要确保数据的准确性和完整性，避免数据篡改或伪造。第二，结果报告。对于数据分析的结果，研究者要诚实地呈现，不夸大或歪曲实际情况。第三，数据共享。如果有计划共享数据，研究者要确保参与者的隐私和权利得到保护，遵循数据共享规定。

最后，论文写作阶段的研究伦理主要包括以下三个方面：第一，参考和引用。在论文中使用其他人的研究成果时，研究者要适当引用并明确出处，避免抄袭。第二，作者署名。所有为本研究做出贡献的人都应该被恰当地列为作者，研究者不应该任意排除或添加作者。对于给予本研究资助与支持的单位和个人要予以认可和感谢。第三，语气与措辞。在论文中对其他相关研究或参与者应该持尊重态度，避免歧视或伤害他人的言辞。

总之，研究伦理贯穿整个研究过程。从数据采集到数据分析，再到论文写作阶段，研究者都应该坚守伦理原则，确保研究的诚信可靠和对参与者的尊重，从而产生有价值且有道德的研究成果。

最后，以这样几句话，与同学们共勉：

你的论文可以是一头狂野的狮子，

也可以是一匹温驯的马，

但好在一切由你来掌控。

参考文献

- -

[1] 丁斌. 专业学位硕士论文写作指南 [M]. 3 版. 北京：机械工业出版社, 2019.

[2] 易莉. 学术写作原来是这样：语言、逻辑和结构的全面提升 [M]. 北京：机械工业出版社, 2020.

[3] 李亮, 刘洋, 冯永春. 管理案例研究：方法与应用 [M]. 北京：北京大学出版社, 2020.

[4] 李武, 毛远逸, 肖东发. 学位论文写作与学术规范 [M]. 2 版. 北京：北京大学出版社, 2020.

[5] 乔利·詹森. 高效写作：突破你的心理障碍 [M]. 姜昊骞, 译. 上海：上海社会科学院出版社, 2020.

[6] 芭芭拉·凯姆勒, 帕特·托马斯. 如何指导博士生学术写作：给导师的教学法 [M]. 陈淑华, 译. 2 版. 上海：上海交通大学出版社, 2020.

[7] WILLIAM G. Getting it published：a guide for scholars and anyone else serious about serious books, third edition [M]. London：University of Chicago Press, 2006.

[8] TURABIAN, KATE L. A manual for writers of research papers, theses, and dissertations：Chicago style for students and researchers [M]. Chicago；London：The University of Chicago Press, 2018.